李西良 / 田力普 / 赵 红
著

高新技术企业知识产权

管理体系构建与实证研究

图书在版编目（CIP）数据

高新技术企业知识产权管理体系构建与实证研究 / 李西良, 田力普, 赵红著. — 北京：知识产权出版社, 2018.8
ISBN 978-7-5130-5745-5

Ⅰ. ①高… Ⅱ. ①李… ②田… ③赵… Ⅲ. ①高技术企业 – 知识产权 – 管理 – 研究 – 中国 Ⅳ. ①D923.404

中国版本图书馆CIP数据核字(2018)第186379号

内容提要

本书通过对知识产权管理体系的研究，对完善高新技术企业现代化管理体系，提升企业核心竞争力，促进知识产权强企建设具有重要意义，也为进一步开展国家和企业知识产权战略实施绩效评估等研究工作提供重要参考。

责任编辑：李小娟　　　　　　责任印制：孙婷婷

高新技术企业知识产权管理体系构建与实证研究
GAOXIN JISHU QIYE ZHISHICHANQUAN GUANLI TIXI GOUJIAN YU SHIZHENG YANJIU

李西良　田力普　赵红　著

出版发行：	知识产权出版社 有限责任公司	网　　址：	http://www.ipph.cn
电　　话：	010 – 82004826		http://www.laichushu.com
社　　址：	北京市海淀区气象路50号院	邮　　编：	100081
责编电话：	010 – 82000860转8531	责编邮箱：	lixiaojuan@cnipr.com
发行电话：	010 – 82000860转8101	发行传真：	010 – 82000893
印　　刷：	三河市国英印务有限公司	经　　销：	各大网上书店、新华书店及相关专业书店
开　　本：	720mm×1000mm　1/16	印　　张：	11.25
版　　次：	2018年8月第1版	印　　次：	2018年8月第1次印刷
字　　数：	156千字	定　　价：	58.00元
ISBN 978-7-5130-5745-5			

出版权专有　侵权必究
如有印装质量问题，本社负责调换。

序　言

2008年6月5日，国务院发布《国家知识产权战略纲要》，决定实施国家知识产权战略，知识产权工作上升到国家战略层面。十年来，随着我国的知识产权战略积极推进，在知识产权生态建设上取得一些宝贵的经验。国内发明专利数量从2007年的9.6万件增长到2017年的超100万件。有效注册商标量从2007年的235.3万件增长至2017年的1492万件。计算机软件著作权登记超过70万件。世界知识产权组织发布的《2018年全球创新指数报告》显示，中国排名第17。

当今世界，知识产权作为全球贸易和投资的重要组成部分，日益成为企业发展的战略性资源和市场竞争力的核心要素。我国企业的知识产权工作近年来取得了一些进步，作为市场竞争主体的企业，更为关注的是如何有效开展知识产权管理工作，解决实际工作中出现的各种问题，取得商业价值，并为企业整体发展提供支撑。进入新时代，企业在全球新一轮经济浪潮中步入了创新驱动发展的快速车道，未来优秀企业间的竞争更多来自高新技术的对抗和知识产权的角力，企业更需要构建起高价值的知识产权能力。因此，在新时代企业要结合自身特点和实际需求，科学地开展好知识产权体系建设工作，才能培育出合格的具有高价值知识产权和核心竞争力的创新型企业。在当前已公开出版的文献中，以企业知识产权管理实务为主题的专著并不多见，尤其是能将理论与实证结合得更加为数不多。《高新技术企业知识产权管理体系构建与实证研究》集成了作者多年在企业从事知识产权管理工作的经验和体会，运用了大量管理科学与工程学科中的工具和方法，通过知识产权管理体系的研究，对于完善企业现代化管理体系，提升企业核心竞争能力，促进知识产权强企建设具有现实意义。此书作为近年来企业知识产权管理领域文献中的佳作，为企业开展知识产权管理工作提供了诸多参考和借鉴，值得读者共飨。

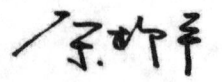

华为公司高级副总裁、首席法务官

前　　言

随着知识经济时代的快速发展以及国家知识产权战略的深入实施,知识产权已成为引领产业持续发展、提升企业核心竞争力的战略性资源和决定性因素。高新技术企业是国家创新能力建设和自主知识产权产出的重要依托,其知识产权管理体系的科学构建,对促进企业现代化管理制度的建立和完善,提升企业竞争力,实现知识产权强国战略具有重大的现实意义和深远的历史影响。高新技术企业知识产权管理问题虽然在政策层面已经广受重视,但在学术研究层面仍存在诸多空白,迫切需要将理论与实践相结合展开深入研究。

本书采取规范研究与实证研究相结合、定性分析与定量分析相结合的研究方法,从理论和实践两个层面展开研究。

(1) 在对知识产权能力、知识产权管理和评价相关理论以及国内外对企业知识产权管理相关研究进行综述的基础上,结合我国高新技术企业投入高、风险高和收益高的典型特征及其对知识产权强依赖性的更高要求,界定了适用于我国高新技术企业的知识产权能力内涵,提出了"基础创新能力—知识产权创造能力—知识产权运用能力—知识产权保护能力—知识产权管理能力"的知识产权能力五维构成要素,并对各构成要素的定义、功能及相互关系进行了理论剖析。

(2) 结合高新技术企业的典型特征及其知识产权能力测度的定性与定量相结合性以及总量指标和相对指标的兼顾性,构建了具有网络层级结构的知识产权能力测度指标体系,并提出了基于 DEMATEL-VIKOR 的知识产权能力指数模型,进一步地,以 2013~2015 年 615 家样本高新技术企业知识产权采集信息为基础,开展了知识产权能力测度的实证研究,验证高新技术企业知识产权能力指数模型的可行性与有效性,并对测度结果进行了时间尺度和决策机制等多视角比对分析。

（3）围绕提升企业知识产权综合能力的目标，构建了基于PDCA循环理论的高新技术企业知识产权管理体系，对影响企业基础创新能力、知识产权创造、知识产权运用、知识产权保护、知识产权管理等综合能力体系建设的关键要点进行分解剖析，为评估体系建设成效、实现体系持续改进奠定了理论框架和基础。

（4）创新性引入项目管理领域的成熟度方法，结合高新技术企业知识产权管理体系的特征，设计了"渔网级—筛子级—木桶级—优化级—引领级"5个知识产权管理体系成熟度等级，构建了知识产权管理体系成熟度模型（IP-3M）并基于该模型提出了适用的知识产权管理体系成熟度综合评价方法，进一步地，遴选硅基新材料行业X公司为样本企业开展了IP-3M的实证研究，确定了X公司的成熟度等级以及在知识产权管理方面存在的短板，还给出了相应的改善举措。

（5）结合当前的战略导向，从政府和企业两个层面提出了新时代高新技术企业知识产权管理体系的优化对策。对于政府，要主动作为，营造良好的知识产权外部发展环境；对于高新技术企业，一要准确把握新时代知识产权事业发展的新形势、新任务和新要求；二要大力实施高新技术企业知识产权战略；三要大力推进知识产权贯标工作；四要加强知识产权管理体系融合建设工作。

本书的创新点：第一，界定了适用于我国高新技术企业的知识产权能力内涵，并建立了基于"基础创新能力—知识产权创造能力—知识产权运用能力—知识产权保护能力—知识产权管理能力"5维度、25个测度指标、具有网络层级结构的知识产权能力测度指标体系。在此基础上，提出基于DEMATEL-VIKOR的知识产权能力指数模型。第二，以高新技术企业知识产权能力提升为目标，集成过程方法和PDCA戴明循环理论，构建"PDCA"为内核的高新技术企业知识产权管理体系，并提出具体构建的创新路径和方法。第三，构建了高新技术企业知识产权管理体系成熟度模型（IP-3M），并基于该模型提出了DEMATEL与二元语义信息表示模型相结合的知识产权管理体系成熟度综合评价方法。第四，用实证方法集中、深入地研究了高新技术企业知识产权能力和知识产权管理体系成熟度，为构建高新技术企业知识产权管理体系以及持续改进提供了具体方法，并提出了新时代高新技术企业知识产权管理体系的优化对策。

本书通过知识产权管理体系的研究，对于完善高新技术企业现代化管理体系，提升企业核心竞争能力，促进知识产权强企建设具有重要意义，也为进一步开展国家和企业知识产权战略实施绩效评估等研究工作提供了重要参考。

目录 CONTENTS

第1章 绪论 ·· 1
  1.1 研究背景 ·· 1
    1.1.1 知识经济时代催生企业高度重视知识产权管理 ············· 1
    1.1.2 中国企业完善知识产权管理体系刻不容缓 ··················· 3
    1.1.3 中国企业进入知识产权管理新纪元 ··························· 5
  1.2 研究目标与意义 ··· 6
    1.2.1 研究目标 ··· 6
    1.2.2 研究意义 ··· 7
  1.3 研究内容、方法与思路 ·· 8
    1.3.1 研究内容 ··· 8
    1.3.2 研究方法 ··· 9
    1.3.3 研究思路 ·· 10
  1.4 研究工作创新性说明 ··· 13

第2章 相关理论研究综述 ·· 15
  2.1 相关概念和基础理论 ··· 15
    2.1.1 高新技术 ·· 15
    2.1.2 高新技术企业 ·· 18
    2.1.3 知识产权 ·· 22
    2.1.4 企业管理体系 ·· 24
  2.2 国内外相关研究综述 ··· 26
    2.2.1 知识产权能力研究 ··· 27

	2.2.2	企业知识产权管理研究 ······28
	2.2.3	企业知识产权管理评价研究 ······32

第3章 高新技术企业知识产权能力构成与测度研究 ······33
- 3.1 研究背景 ······33
- 3.2 知识产权能力的内涵与构成分析 ······35
  - 3.2.1 知识产权能力的内涵界定 ······35
  - 3.2.2 知识产权能力的构成要素 ······35
- 3.3 知识产权能力测度指标体系构建 ······37
  - 3.3.1 测度指标的选取 ······37
  - 3.3.2 测度指标体系的构成与描述 ······38
  - 3.3.3 指标体系的网络层级结构 ······45
- 3.4 基于DEMATEL-VIKOR的知识产权能力指数模型研究 ······45
- 3.5 实证研究 ······51
  - 3.5.1 实证对象与数据来源 ······51
  - 3.5.2 指数模型测算过程与结果 ······52
  - 3.5.3 多视角比对分析 ······54
- 3.6 本章小结 ······56

第4章 基于PDCA循环理论的高新技术企业知识产权管理体系构建 ······58
- 4.1 PDCA循环理论 ······58
  - 4.1.1 相关定义 ······58
  - 4.1.2 主要内容 ······60
  - 4.1.3 典型特点 ······61
- 4.2 PDCA循环理论在企业管理体系构建中的应用 ······63
- 4.3 高新技术企业知识产权管理现状 ······66
  - 4.3.1 知识产权工作逐步得到重视 ······66
  - 4.3.2 当前存在的问题及成因 ······67
- 4.4 高新技术企业知识产权管理体系构建 ······71

  4.4.1 构建原则 ·· 71

  4.4.2 框架模型 ·· 76

  4.4.3 分阶段体系构建过程 ·· 80

 4.5 本章小结 ·· 90

第5章 高新技术企业知识产权管理体系成熟度评价 ································ 92

 5.1 IP-3M的构建 ·· 92

  5.1.1 IP-3M的三维结构 ·· 92

  5.1.2 知识产权管理体系成熟度等级和典型特征 ······················ 95

 5.2 知识产权管理体系成熟度评价方法研究 ····································· 97

  5.2.1 评价指标体系的框架结构 ·· 97

  5.2.2 评价指标体系及评价规则设计 ·· 99

  5.2.3 综合评价方法的设计 ·· 101

 5.3 IP-3M的基本应用步骤 ·· 107

  5.3.1 查现状 ··· 107

  5.3.2 找差距 ··· 108

  5.3.3 持续改进 ··· 109

 5.4 本章小结 ·· 109

第6章 实证研究：X公司IP-3M评价和应用研究 ··································· 111

 6.1 我国硅基新材料行业发展分析 ··· 111

  6.1.1 硅基新材料行业发展总体态势 ······································ 111

  6.1.2 我国硅基新材料行业发展的机遇与挑战 ······················ 112

 6.2 样本企业概况 ·· 113

  6.2.1 企业经营基本情况 ·· 113

  6.2.2 企业知识产权工作基本情况 ··· 114

 6.3 问卷调查与数据收集 ·· 116

  6.3.1 问卷设计 ··· 116

  6.3.2 问卷发放 ··· 117

                6.3.3　样本分布 ···117
        6.4　X公司知识产权管理体系成熟度评价 ·······································117
                6.4.1　知识产权管理现状 ···117
                6.4.2　评价过程与结果 ···118
                6.4.3　多视角深度剖析 ···121
                6.4.4　改善举措 ···124
        6.5　本章小结 ···125

第7章　新时代高新技术企业知识产权管理体系的优化对策 ···············127
        7.1　准确把握新时代知识产权事业发展的新形势、新任务和新要求 ···127
                7.1.1　我国知识产权事业快速发展的形势和要求 ·····················128
                7.1.2　新时代中国特色社会主义知识产权事业发展的新目标
                        任务 ···129
        7.2　政府主动作为，营造良好的知识产权外部发展环境 ···············129
                7.2.1　完善知识产权行政管理职能 ···129
                7.2.2　营造良好的知识产权创造环境 ···130
                7.2.3　营造良好的知识产权保护环境 ···131
                7.2.4　营造良好的知识产权运用环境 ···132
        7.3　大力实施高新技术企业知识产权战略 ·······································132
                7.3.1　基于SWOT方法的高新技术企业知识产权战略分析 ·····132
                7.3.2　高新技术企业知识产权战略实施对策建议 ·····················134
        7.4　大力推进高新技术企业知识产权贯标工作 ·······························135
                7.4.1　企业贯标中的重点工作 ···136
                7.4.2　企业贯标工作的保障措施 ···137
        7.5　切实加强知识产权管理体系的融合建设工作 ···························138
                7.5.1　知识产权管理体系融合建设的可行性和优点 ···················138
                7.5.2　构建企业IPQES有机融合管理体系的原则 ·······················139
                7.5.3　企业IPQES融合管理体系建设实践 ···································140

7.6 本章小结 ···143

第8章 总结与展望 ···145
　8.1 研究总结 ···145
　8.2 研究不足 ···147
　8.3 研究展望 ···147

附录 ···149
　附录1 国家知识产权示范企业和优势企业年度信息表 ··············149
　附录2 企业知识产权管理体系成熟度调查问卷 ····················153

参考文献 ···155
后记 ···163

第1章 绪　　论

1.1　研究背景

1.1.1　知识经济时代催生企业高度重视知识产权管理

当今世界，经济、科技全球化发展迅猛，21世纪将构筑起新型的经济时代——知识经济时代。早在1996年，经合组织（Organization for Economic Cooperation and Development）就提出了知识经济的典型特征，即"知识经济直接以生产、分配和利用知识与信息为基础"[1]。在这一概念中，对当前经济的理解较传统经济时代有了质的飞跃，知识经济所依赖的资源不再是传统生产资料，知识和信息成了基础性资源，知识和信息的转换成为商业经济领域竞争的独特形式（Hsu et al.，2008；路甬祥，1998）。知识产权也逐渐成为知识经济时代最具影响力的战略资源，并成为表征一个国家或组织竞争能力的重要依据（Novorodovska，2015；Alikhan，2004；厉宁，2002；郑成思，2002；陶鑫良，1998）。

在知识经济时代发展的历程中，发达国家和经济组织先知先觉，已经开始制定有针对性的经济政策和法律政策，用以保护和规范自身知识产权发展，并已经形成了以美国、日本等发达国家为代表的知识经济时代巨头（Schneider，2005；Javorcik，2004）。在知识经济时代，知识产权资本业已成为新时代竞争的焦点，各国竞争的核心已不再停留在以厂房、设备为代表的有形资本比拼层面，而是快速转向以专利、版权等为代表的无形资产竞争平台，知识产权也迅

---

[1] OECD. Science, technology and industry outlook 1996[EB/OL]. (1996-01-25)[2017-09-15]. http://www.oecd-ilibrary.org/industry-and-services/science-technology-and-industry-outlook-1996_sti_outlook-1996-enjsessionid=xfuek135qhzz.x-oecd-live-02.

速成为国家和企业间竞争的战略资源（田颖男等，2010；Chesbrough，2003；Helpman，1993）。

企业在成长和发展的过程中，被视为一个国家众多类型创新主体中最活跃、技术创新能力最强的一支力量，是国家核心竞争能力的集中体现（Grimpe and Hussinger，2015；李培林，2014；袁俊，2004）。企业驾驭和运用知识产权的能力对所在国家和企业自身都将起到至关重要的作用，提高企业知识产权管理能力，已经成为企业提升科技创新效率的重要手段，亦是决定企业在新时代能否适应这场经济与社会发展新变革的关键（饶世权和陈家宏，2017；张永成和郝冬冬，2016；Agostini et al.，2016；Pruzansky and Wagman，2011）。因此，加强企业知识产权管理是做大做强企业的根本，是企业生存和发展的必由之路。

现代企业资源大体上可分为有形资产、无形资产和组织能力三大类（邵一明，2014）。其中，传统领域的生产厂房、设备和原材料属于有形资产；企业拥有的专利技术、商标、计算机软件著作权等归为无形资产；组织能力主要体现在组织整合人员、资产等内外部资源，敏捷、高效、高质地的实现投入产出过程的复杂结合，组织能力的绩效主要是通过效率和效果的能力体现。随着企业竞争的不断加剧，竞争的主战场已经逐渐从"有形"转向"无形"，即更多的竞争以及竞争结果的差距体现在无形资产管理以及无形资产集聚方面，更多的组织能力也更加关注无形资产的使用效率和效果。

在知识经济时代，企业资源的价值体现在企业与其赖以竞争的环境在需求交互作用的结果上。厂房、设备等有形资产具有明显的产权以及物理属性界定特征，因此竞争的同质化就显得比较明显，竞争对手容易通过积累相同的有形资产来获取竞争能力，这种竞争在规模经济和传统营销策略中经常出现。而企业的专利技术等知识产权往往是不能被轻易模仿的，因此，企业的资本投入必须具有前瞻性和竞争意识，密切跟踪科学技术发展动向，保证其先进性和可持续发展，从而保证强劲的发展势头。

1.1.2 中国企业完善知识产权管理体系刻不容缓

2017年12月6日,《2017世界知识产权指标》在瑞士日内瓦正式发布,世界知识产权组织(world intellectual property organization,WIPO)在发布会上详细分析了全球2016年度知识产权活动最新发展态势。❶报告表明2016年全球知识产权活动十分活跃,各个国家/地区专利、商标、工业品外观设计等知识产权的申请量、授权量大都出现不同幅度增长,全球有效知识产权数量持续增加,具体增长情况见表1.1。

表1.1 2015~2016年各领域知识产权全球申请量及增长率

知识产权领域	2015年	2016年	增长率
专利	2887300件	3127900件	8.3%
商标	6013200件	6997600件	16.4%
工业品外观设计	872600件	963100件	10.4%

数据来源:《2016世界知识产权指标报告》和《2017世界知识产权指标报告》

《世界知识产权指标报告》(World Intellectual Property Indicator)是世界知识产权组织关于全球知识产权活动的权威年度调查。《2017年世界知识产权指标报告》涉及专利、商标、工业产品设计以及植物品种权保护等知识产权形式。其中全球专利申请量连续7年持续增长,2016年全球专利申请共计3100000件,较2015年上升了8.3%。中国新增的专利申请量占据世界增量的九成以上,连续成为世界最大的"专利工厂"。在商标领域,全球申请量7000000件,较上一年度上升16.4%。在工业品外观设计领域,2016年全球申请量增长10.4%,接近100万件。商标和外观设计的增量也是受中国驱动。

2016年,中国国家知识产权局再创新高,共受理专利申请130万件,遥遥领先。其次是美国专利商标局(605571件)、日本特许厅(318381件)、韩国

---

❶世界知识产权组织. 2017年世界知识产权指标[EB/OL].(2017-12-06)[2018-01-15]. http://www.wipo.int/edocs/pubdocs/en/wipo_pub_941_2017.pdf.

特许厅（208830件）和欧洲专利局（159358件）。按人均计算，中国的专利申请量位居德国、日本、韩国和美国之后。排名前五的主管局在世界总量中占84%，其中中国（21.5%）和美国（2.7%）的申请量均有增长，而欧洲专利局（-0.4%）、日本（-0.1%）和韩国（-2.3%）在2016年受理的申请量均少于2015年。德国（67899件）、印度（45057件）、俄罗斯联邦（41587件）、加拿大（34745件）和澳大利亚（28394件）也跻身前十。世界五大知识产权局的专利年度申请量持续增长，如图1.1所示。

图1.1　2016年世界五大知识产权局专利申请量排名

数据来源：《2017世界知识产权指标报告》

中国的商标、专利以及工业品外观设计数量在《2017年世界知识产权指标》榜单中十分抢眼，稳坐上述领域全球第一名。随后依次是美国、德国、日本、韩国等国家。相比上一年度，中国专利、商标等主要知识产权申请增长量方面成了全球最主要推动者。2012年，我国专利申请量第一次超过美国位列全球首位，时任国家知识产权局局长田力普在接受《中国新闻周刊》采访时首次提出，我国已经成为世界知识产权大国，但非世界知识产权强国。

这一数据充分说明，中国创新主体企业的创新步伐不断加快，特别是伴随着我国高新技术产业的迅猛发展，以专利、计算机软件著作权、工业品外观设计为代表的知识产权产出加速，中国的高新技术企业知识产权的拥有数量已经成为"世界大户"。然而中国企业的创新水平与发达国家相比还有不小的差距，尤其是在知识产权管理方面还存在着诸多需要改进的地方。

1.1.3 中国企业进入知识产权管理新纪元

国外企业关于知识产权相关管理理论的研究早于中国近一个世纪，伴随着其作用不断凸显，20世纪末，诸多西方发达国家已经将知识产权管理上升为国家战略。部分企业也将其纳入日常经营管理的重要内容。IBM、西门子等跨国公司相继制定了企业的知识产权战略，使知识产权管理在企业中的地位得到了不断提升。我国对于企业知识产权管理的研究，相较于西方发达国家，还处于被动学习的初级阶段。许多研究文献的观点还仅停留在对知识产权特征的研究以及法律属性的争辩上，这与我国较晚引入知识产权管理制度有密切的关系。

直到1985年，我国才有了第一部专利法。同时，受到长期的计划经济机制影响，中国企业对知识产权的认识长期存在误区，对企业的知识产权管理迟迟没有引起高度重视。2001年中国正式加入WTO，同年我国开始在全国推行企业知识产权试点工作，才正式将企业知识产权管理作为一项重点工作推进。随后，企业才开始从搭建基础的知识产权管理制度入手，不断强化对这项工作的认知。2008年6月5日，国务院发布了《国家知识产权战略纲要》，正式将知识产权战略的地位提升到前所未有的高度。其中针对企业层面也提出了要求，但并未述及如何开展建设工作。2008年7月江苏省在总结地方优秀企业知识产权工作经验的基础上，组织《企业知识产权管理规范》地方标准的研究工作（江苏省质量技术监督局，2008）。2013年3月，国家知识产权局在总结江苏、广东等发达地区开展知识产权贯标经验的基础上，联合颁布实施了国家推荐性标准：《企业知识产权管理规范》GB/T 29490（中华人民共和国国家质量监督检验检疫总局 中国国家标准化管理委员会，2013）。至此，中国有了首个企业知识产权管理规范的概念，随后诸多企业和咨询辅导机构开始推行贯标工作，在实际执行的过程中，又涌现出大量体系无从下手、体系建设两张皮、建设标准和成效无从评价、知识产权风险得不到有效控制等突出问题。因此，我国需要在国外先进的典型经验基础之上,结合我国实际情况,开展适用中国企业的知识产权管理研究工作。

1.2 研究目标与意义

1.2.1 研究目标

2001年后,世界贸易组织的规则对我国的影响日趋明显,我国企业在国际分工下的角色重要度不断提升,与之带来的竞争也日益加剧,知识产权规则成为中国企业不可回避的一道门槛。目前,随着国家"双创"活动的开展,我国企业在今后较长一段时间内仍将保持较快的发展势头。❶高速、开放式的发展所带来的最大挑战,往往也迅速聚焦在知识产权方面。以"DVD专利纠纷"为代表的知识产权案件经常见诸报端,企业知识产权管理经验缺失,让中国企业在发展中吃尽苦头。事实证明,中国企业要想进一步缩小与国外企业的竞争差距,提高知识产权管理能力刻不容缓。开展高新技术企业知识产权管理体系研究工作,主要为了实现以下几个研究目标:

(1)透彻研究高新技术企业、知识产权特征和相关理论,掌握知识产权管理与高新技术企业发展之间相互作用的机理;

(2)深入研究分析高新技术企业知识产权能力的内涵,并分析其构成要素,构建具有网络层级结构的指标体系;在此基础上,来实现企业决策者对自身知识产权能力真实水平、优势、短板以及与同行差距的科学研判;

(3)结合我国高新技术企业实际情况,有针对性地提出高新技术企业知识产权管理体系的优化对策。

---

❶ 中华人民共和国国务院.国务院关于大力推进大众创业万众创新若干政策措施的意见[EB/OL]. (2015-06-16)[2018-02-16]. http://www.gov.cn/zhengce/content/2015-06/16/content_9855.htm.

1.2.2 研究意义

1）理论意义

随着知识经济时代的快速发展以及国家知识产权战略的深入实施，知识产权已成为引领产业持续发展、提升企业核心竞争力的战略性资源和决定性因素。高新技术企业是国家创新能力建设和自主知识产权产出的重要依托，其知识产权管理体系的科学构建，对促进企业现代化管理制度的建立和完善，提升企业竞争力，实现知识产权强国战略具有重大的现实意义和深远的历史影响。高新技术企业知识产权管理问题虽然在政策层面已经广受重视，但在学术研究层面仍存在诸多空白，迫切需要展开深入研究。

本书采取规范研究与实证研究结合、定性分析与定量分析结合的研究方法，一是在对知识产权能力、知识产权管理和评价相关理论以及国内外对企业知识产权管理相关研究进行综述的基础上，结合我国高新技术企业典型特征，界定了适用于我国高新技术企业的知识产权能力内涵，提出了基于高新技术企业的知识产权能力"五维构成要素"，并对各构成要素的定义、功能及相互关系进行了理论剖析。从理论上完善了我国高新技术企业知识产权能力内涵体系。二是结合高新技术企业典型特征及其知识产权能力测度的定性与定量相结合性以及总量指标和相对指标的兼顾性，构建了具有网络层级结构的知识产权能力测度指标体系，并提出了知识产权能力指数模型。三是围绕提升企业知识产权综合能力的目标，构建了基于PDCA循环理论的高新技术企业知识产权管理体系。四是创新性引入项目管理领域的成熟度方法，结合高新技术企业知识产权管理体系的特征，构建了知识产权管理体系成熟度模型（IP-3M），并基于该模型提出了适用的知识产权管理体系成熟度综合评价方法。五是基于构建的研究框架，对高新技术企业知识产权能力测度和知识产权管理体系成熟度进行了系统的实证研究，有助于企业决策者科学判定自身知识产权能力的真实水平、明晰优势和短板及与同行的差距，进而为其制定知识产权能力提升策略提供必要的科学依据与决策支持，为我国高新技术企业知识产权管理体系的具体构建提供了重要的参考价值和理论贡献。

2）现实意义

高新技术企业作为我国现代经济体系中最具创新活力的主体，需要现代化的知识产权管理体系来支撑企业的快速发展，更需要科学的知识产权管理为企业参与国际竞争保驾护航。通过本书具体研究工作的开展，一方面构建了适用我国高新技术企业知识产权管理体系的模式，沿着研究的路径和方法，可以指导我国高新技术企业快速构建知识产权管理体系，避免企业再进行长期的学习和摸索。另一方面，本书的研究形成了评价高新技术企业知识产权管理体系成熟度的方法，应用该方法，可以快速判定出企业目前所处的知识产权管理状态，为企业后续改进和提升管理水平，迅速找准定位和方向。同时本书还开展了大量的实证研究，通过大样本量测评了中国高新技术企业的知识产权能力，为国内企业找到了学习的标杆。因此具有非常有益的实践意义。

1.3 研究内容、方法与思路

1.3.1 研究内容

高新技术企业是我国高新技术产业发展的重要载体和创新力量，拥有"知识密集、技术密集、高投入、高风险、高产出"的独有特征，自主知识产权是该类型企业发展的核心动力。在知识经济时代，我国也已经进入了高速发展、快速增长时期，以专利、商标、工业品外观设计为代表的知识产权增量取得了举世瞩目的成就，然而"大而不强"的烙印始终困扰着中国和中国高新技术产业的发展。只注重知识产权创造而不注重管理和运用的现象依然普遍存在。在新时期企业如何基于现实发展环境，构建简洁、高效、风险可控的知识产权管理体系等一系列问题。都将成为中国的高新技术在未来发展中必须面对和亟待解决的现实问题。

基于以上研究背景，本书主要围绕以下三个方面展开研究工作。

（1）以研究国内外知识产权管理体系建设的演进为脉络，凝练出适用于我国高新技术企业创新发展的知识产权管理体系框架。

（2）通过构建指数模型来测度高新技术企业知识产权能力，从多个视角探究影响我国高新技术企业知识产权能力的深层次原因。一方面，设计知识产权能力指数模型对我国代表性高新技术企业的知识产权能力测度问题进行实证检验；另一方面，通过企业调研和深度访谈，从国家、地方政府以及企业层面对高新技术企业知识产权能力提升给出针对性的策略建议。

（3）针对我国高新技术企业知识产权体系建设存在的问题，结合"国家知识产权战略"和经济新常态要求以及企业实际情况，探索并提出以提升高新技术企业知识产权能力和知识产权管理水平为目标的企业知识产权管理策略，为我国高新技术企业知识产权管理机制研究提供理论和实践依据。

我国高新技术产业发展起步较晚，目前处在一个借鉴国外先进经验的发展阶段，制约我国高新技术企业快速、健康、可持续发展的诸多因素中，既有来自外部环境的制约因素，也有内部管理因素。本书在总结相关文献和以往学者的研究成果的基础上，力求助力我国高新技术企业构建科学有效的知识产权管理体系，从而不断增强企业的知识产权能力和竞争实力。

1.3.2 研究方法

1）文献研究法

首先采用文献研究法，即通过对已有研究成果的整理与分析，界定本书的研究主题，结合研究的初步构想，对文献进行调研，将现有研究的相关理论和发现进行归纳总结，找到本书的理论支撑。通过对已有文献资料的系统梳理，完成了高新技术企业知识产权管理体系的研究综述，同时阐述了高新技术企业、知识产权及企业知识产权管理体系的相关理论基础。

2）定性与定量相结合的研究方法

本研究采用定性与定量相结合的研究方式。本书的研究涉及高新技术企业主体的内外部发展环境和影响要素，因此无法用单一的定性或定量的指标进行刻画和阐述，为了试图多角度、多刻度揭示研究主体的特性和相关规律，在研究方法方面选取了定性与定量相结合的研究方式，尽可能消除由于单一研究方法带来的偏差，尽可能逼近事实的真相。

3）指数模型

构建基于DEMATEL-VIKOR的知识产权能力指数模型，通过三个阶段完成指数测算。第一个阶段分析测度指标之间存在的关联，进而根据关联分析结果来分别确定测度指标的维度内权重和全局权重；第二个阶段进行测度指标值的规范化处理；第三个阶段分别测算高新技术企业的知识产权能力指数和维度指数。

4）综合评价方法

提出DEMATEL法与二元语义信息表示模型相结合的高新技术企业知识产权管理体系成熟度综合评价方法，并通过三个阶段的量化工作来完成知识产权管理体系成熟度的综合评价。第一个阶段主要进行语言短语形式相关信息的处理与集结；第二个阶段主要分析评价指标之间、评价过程之间以及评价准则之间存在的内在关联，进而根据关联分析结果来分别确定评价指标、评价过程和评价准则的权重；第三个阶段则完成知识产权管理体系成熟度评价信息的逐层递归，根据成熟度评价指标的评价信息递归出评价过程、评价准则和评价目标的评价信息，最终确定知识产权管理体系成熟度的等级水平。

1.3.3 研究思路

本书主要对我国高新技术企业知识产权管理体系构建进行了研究，旨在系统发掘高新技术企业知识产权能力建设的诸多影响因素，为我国高新技术企业知识产权管理机制研究提供理论和实践依据。结合需要解决的问题和研究目标，设计出如图1.2所示的技术路线图。

图 1.2 技术路线图

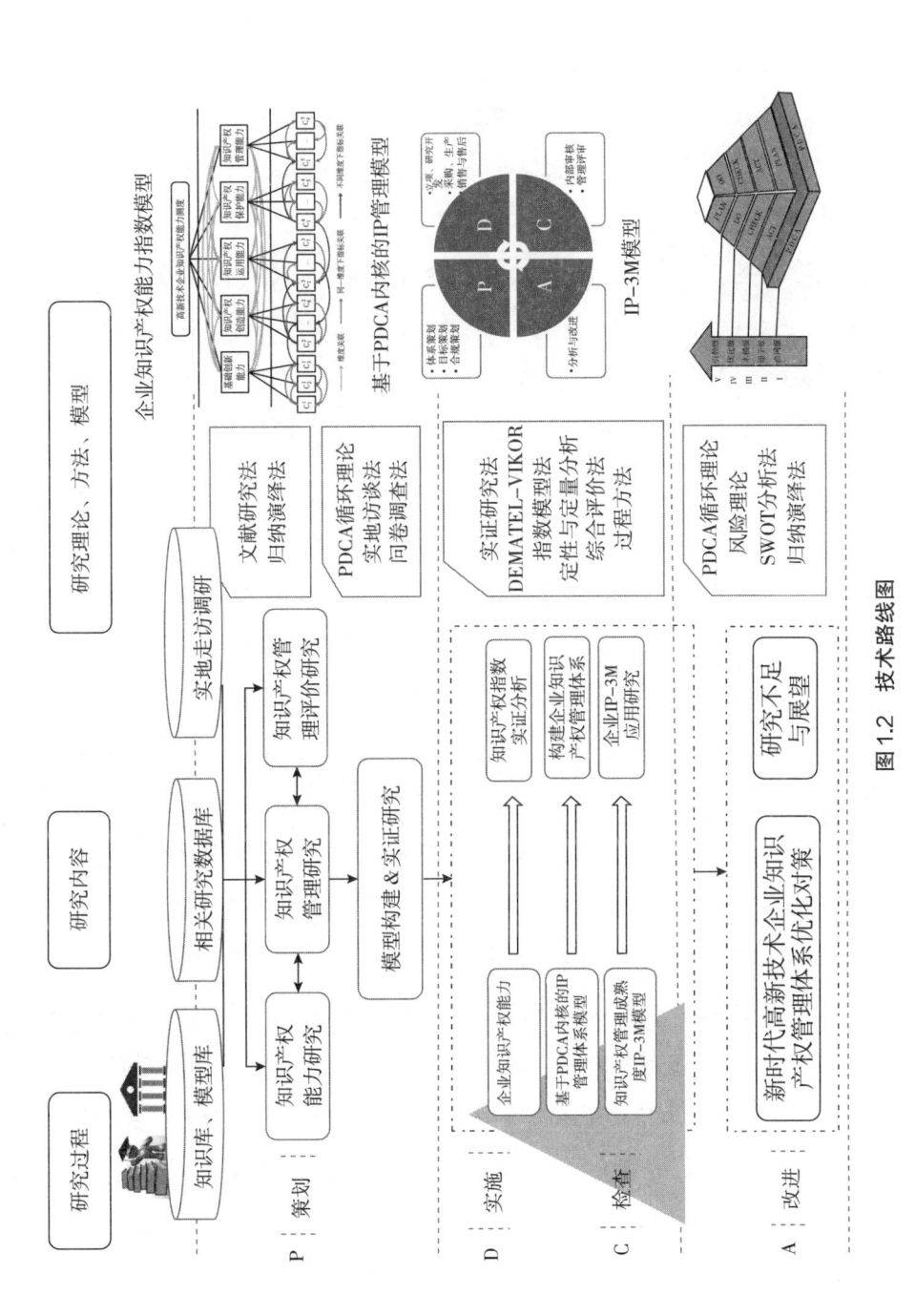

第1章，绪论。主要阐述图1.2研究背景、研究目标、研究意义、研究内容、研究方法、研究思路及框架以及创新性说明。

第2章，文献综述。主要对相关理论、研究成果进行梳理、分类和对比，总结已有研究的主要脉络和存在的不足，并基于此，提出整体研究思路和主要内容设计。

第3章，高新技术企业知识产权能力构成与测度研究。首先界定高新技术企业知识产权能力的内涵，并分析其构成要素；然后，依托所选取的知识产权能力测度指标构建具有网络层级结构的指标体系；在此基础上，给出知识产权能力指数模型来实现企业决策者对自身知识产权能力真实水平、优势、短板以及与同行差距的科学研判，并进行实证研究，以验证所给模型的可行性与有效性。

第4章，基于以PDCA为内核的高新技术企业知识产权管理体系构建。重点围绕服务第3章所提出的高新技术企业知识产权综合能力提升的目标，集成了过程方法和PDCA戴明循环理论，构建了以"PDCA循环理论"为内核的高新技术企业知识产权管理体系，并提出了具体构建的创新路径和方法。围绕提升企业知识产权综合能力的目标，对影响企业基础创新能力、知识产权创造、运用、保护、管理等综合能力各方面的体系建设关键要点进行了分解阐述，为后续评估体系建设成效、实施检测和体系进行持续改进奠定了理论框架和基础。

第5章，高新技术企业知识产权管理体系成熟度评价。以第4章构建的知识产权管理体系为基础，将项目管理领域的成熟度模型引入到高新技术企业知识产权管理体系评价的研究中，构建了知识产权管理体系成熟度模型（intellectual property management system maturity model，IP-3M），并描述了该模型的三维结构、等级划分与典型特征以及流程设计；然后，以该模型为基础开展了高新技术企业知识产权管理体系成熟度评价方法研究，明确了评价指标体系的建立原则与框架结构、评价准则，并提出了高新技术企业知识产权管理体系成熟度综合评价方法，用以系统测评知识产权管理体系建设的成效；进一步地，给出了知识产权管理体系成熟度模型及综合评价方法的应用过程。

第6章，实证研究：X公司IP-3M评价和应用研究。结合上述章节构建的知识产权管理体系成熟度模型IP-3M，选取国内硅基新材料领域代表性高新技术企业X公司为样本企业进行实证研究，对X公司的知识产权管理体系成熟度进行综合评价，帮助该公司发现问题，并提出针对性的改进意见。

第7章，新时代高新技术企业知识产权管理体系的优化对策。本章尝试讨论提高高新技术企业知识产权管理绩效的策略，从内外部环境营造、实现路径和具体策略等方面进行深入思考，以期为我国高新技术企业提供切实可行的对策建议。

第8章，结论与展望。总结了主要研究内容和研究结论，指出研究工作过程中存在的不足以及未来研究工作的重点任务和方向。

1.4 研究工作创新性说明

本研究工作的创新点主要体现在以下方面。

第一，丰富知识产权能力的内涵和量化研究。结合高新技术企业投入高、风险高和收益高的典型特征及其对知识产权能力的更高要求，界定了适用于我国高新技术企业的知识产权能力内涵，提出"基础创新能力—知识产权创造能力—知识产权运用能力—知识产权保护能力—知识产权管理能力"五维度要素，并对各构成要素的定义、功能及相互关系进行了理论剖析。然后，结合高新技术企业的典型特征及其知识产权能力测度的定性与定量相结合性以及总量指标和相对指标的兼顾性，以指标可描述、数据可获取、过程可追溯和结果可比对为原则选取知识产权能力测度指标，构建了25个测度指标、具有网络层级结构的知识产权能力测度指标体系，并提出了基于DEMATEL-VIKOR的知识产权能力指数模型。

第二，以高新技术企业知识产权能力提升为目标，集成过程方法和PDCA戴明循环理论，构建"PDCA"为内核的高新技术企业知识产权管理体系，并提出具体构建的创新路径和方法。围绕提升企业知识产权综合能力的目标，对影响企业基础创新能力、知识产权创造、运用、保护、管理等综合能力各方面的体系建设关键要点进行分解阐述，为后续评估体系建设成效、实施检测和体系进行持续改进管理奠定理论框架和基础。

第三，创新性引入项目管理领域的成熟度方法，结合高新技术企业知识产权管理体系的特征，提出了"渔网级—筛子级—木桶级—优化级—引领级"五个知识产权管理体系成熟度等级，进而构建了知识产权管理体系成熟度模型（IP-3M），并描述了该模型的三维结构、等级划分与典型特征以及流程设计；然后，以IP-3M为基础开展了高新技术企业知识产权管理体系成熟度评价方法研究，明确了评价指标体系的建立原则与框架结构、评价准则，并提出了DEMATEL与二元语义信息表示模型相结合的知识产权管理体系成熟度综合评价方法。

第四，用实证方法集中深入地研究了高新技术企业知识产权能力和知识产权管理体系成熟度，为构建高新技术企业知识产权管理体系以及持续改进提供了具体方法，并提出了新时代高新技术企业知识产权管理体系的优化对策。

第2章 相关理论研究综述

本章是研究的理论基础，为了便于理解和分析所研究的内容，首先对研究涉及的相关概念进行了界定，主要包括：高新技术和高新技术企业、知识产权、企业管理体系，并就文中涉及的相关理论进行了国内外文献综述研究，主要包括知识产权能力研究、企业知识产权管理体系研究以及知识产权管理评价研究。

2.1 相关概念和基础理论

本节重点梳理高新技术企业知识产权研究的相关概念和理论。

2.1.1 高新技术

下面将从定义、判定标准、典型特点等角度梳理高新技术的相关概念。

1）高新技术的定义

"高新技术"在不同时期有不同的释义，在我国《汉语大辞典》中给出了基础的解释：指处于当代科学技术前沿，具有知识密集型特点的新兴技术，如信息技术、生物工程技术、航天技术、纳米技术等。随着社会经济的迅速发展和科学技术的全面进步，高新技术的内涵和外延都发生着不同程度的变化。目前得到广泛认可的一种释义是：高新技术是指那些对一个国家或一个地区的经济、政治和军事等各方面的进步产生深远的影响，并能形成产业的先进技术群❶。与高新技术相近的概念是由美国主导提出的高技术（high technology），国际上对高技术相对权威的释义是：高技术是建立在当代自然科学理论和最新

---

❶ 高新技术[EB/OL]. (2016-06-18)[2018-01-15]. https://baike.baidu.com/item/%E9%AB%98%E6%96%B0%E6%8A%80%E6%9C%AF/3893186#6.

工艺技术基础之上,处于当代科学技术前沿,能够带来巨大经济、社会和环境效益的知识密集、技术密集技术(王树海,2002)。

2)高新技术判定的国际标准

如何准确判定一项技术是否属于高新技术,部分国家和组织通过实践均给出了一些判定参考标准,具体参见表2.1。

表2.1 各国及相关组织高新技术产业评价依据及范围

序号	国家或组织	评价高新技术产业的依据	重点发展的高新技术产业
1	日本	◆ 研发经费总投入及占比 ◆ 突出产品和工艺技术的研发	商业航天技术、信息技术应用、新型汽车、低碳产业、医疗与护理、新能源等
2	美国	◆ 研发费占销售收入比 ◆ 研发人员占员工总数比	新材料技术、生物技术、信息技术
3	加拿大	◆ 研发经费总投入及占比 ◆ 劳动力技术素养和受教育程度	航空航天工业、通信工业、能源工业
4	法国	◆ 新产品标准化生产程度 ◆ 高素质的劳动人员 ◆ 新产品市场扩展形成分支产业	航空航天、核电、高速铁路、高端制造业、汽车、医药以及环保
5	澳大利亚	◆ 新工艺在产业中的应用程度 ◆ 新产品制造过程中新技术的应用度	新车工业、医药工业、信息工业、通信设备工业、航空和制造等
6	世界经合组织 (OECD)	◆ 研发费占销售收入比 ◆ 直接研发费占比 ◆ 直接研发费占增加值比重	航空航天制造业、计算机与办公设备制造业、电子通信设备制造业、医药品制造业

3)高新技术判定的国内标准

我国的高新技术发展起步较晚,直到1991年,才由中华人民共和国科学技术部组织确定发布,与国外确定高新技术的方式类似,中华人民共和国科学技术部结合国家实际亟须发展的技术领域,核定了具体的范围,具体包括"电子技术、新材料技术、航空航天技术"等11项先进技术领域。十年后,我国又对高新技术进行了重新分类和认定,国家统计局在2002年发布了"高技术产业统计分类目录"。在原有高技术产业领域的基础上进行了修订和完善,参考OECD等分类方法,将"电子计算机及办公设备制造业"等行业增补纳入重点发展的高技术产业中。后期随着产业的技术密集度和复杂程度的进一步重新细分，高新技术一般又被认定为"信息技术、生物技术、新材料技术、新能源技术、空间技术和海洋技术"六大技术领域。

我国最新确定的高新技术依据是2016年由国家修订颁布的《国家重点支持的高新技术领域》，进一步明确了国家重点支持的高新技术为新材料技术、高技术服务业、新能源及节能技术、高新技术改造传统产业等八大技术领域。与原有的高新技术领域相比，体现了与时俱进的思想，新增了部分新兴产业，同时还兼顾了通过高新技术改造传统产业的过渡。现行的八大国家重点支持的高新技术领域，是与我国新常态经济的发展相契合。

4）高新技术的典型特点

通过国内外对高新技术认知的变迁，我们可以看出，高新技术是一个相对的概念，是动态发展的一个技术群组。不论高新技术如何迭代和演进，各国的高新技术在不同时期的认定范围虽然有较大差异，但是通过细致比对，还是兼具了许多共同的特点。这些高新技术都体现出人类较高的智力水平，它们的发展都需要依托较大的投入，在潜在高收益的发展中也蕴含着较高的风险，同时高新技术发展的竞争，比拼的不是传统的人力和资本投入，还需要有高素质、高技能的人才和战略。这些构成了高新技术区别于传统技术最大的特色。

各国政府均非常重视高新技术的发展。重视发展高新技术，也是我国政府一直强调的基本方针。更早以前，还在新技术革命呼之欲出的20世纪60年代初期，就已提出"发展新兴工业"的口号（吴敬琏，1999）。近年来，我国高新技术的发展可谓突飞猛进，取得了一系列令世人瞩目的成果。例如在大规模集成电路自主研发、移动通讯先进技术应用、智能制造先进技术推广、商用大飞机以及复兴号均实现商业化运营。风、光等可再生能源装机、发电双创世界第一，中国高铁里程占全球六成以上，以"BAT"为代表的人工智能、大数据等高新技术创造新型商业模式，这些高新技术的发展有力地带动了国内经济和技术的转型升级。

2.1.2 高新技术企业

本小节将从高新技术企业认定、高新技术企业知识产权发展概况、高新技术企业典型特征等方面梳理高新技术企业的相关研究。

1）高新技术企业认定

伴随着我国高新技术的产业化发展，2008年4月，中华人民共和国财政部、中华人民共和国国家税务总局、中华人民共和国科学技术部联合颁布了《高新技术企业认定管理办法》以下简称《认定办法》，规定我国的高新技术和高新技术企业都要符合《认定办法》中的相关要求。2016年国家再次修订了《认定办法》❶，对高新技术企业的界定条件进一步完善。在我国，高新技术企业一般是指在《国家重点支持的高新技术领域》范围内，持续进行技术研发与成果转化，形成核心自主知识产权，并以这些核心自主知识产权为基础，开展经营活动的居民企业。

高新技术企业在动态发展过程中汇集了大量知识和技术。按照《国家重点支持的高新技术领域》相关要求，我国将高新技术企业涉猎的高新技术划定为"资源与环境、新能源与节能、生物与新医药、电子信息、新材料、航空航天、先进制造与自动化、高技术服务"八大类领域。这些领域所属企业在生产过程中，需要将生产设备、工艺建立在先进的科学技术基础之上；从事科技研发人员在职工中的占比较大，劳动生产效率高；产品技术性能复杂，平均资源消耗低，更新换代迅速。对知识、技术等智力要素的依赖程度，远超出其他生产要素依赖的产业。截至2017年底，全国高新技术企业总数超过13.6万家，研发投入占比超过全国的50%，发明专利授权量占比全国40%，上缴税费预计超过1.5万亿元，营业总收入预计超过30万亿元，增长均达到10%以上，提供就业岗位超过2500万个。

---

❶ 科技部 财政部 国家税务总局关于修订印发《高新技术企业认定管理工作指引》的通知[EB/OL]. (2016-02-04)[2018-01-15]. http://www.most.gov.cn/tztg/201602/t20160204_123994.htm.

2）高新技术企业的知识产权发展概况

进入中华人民共和国国民经济和社会发展第十三个五年规划纲要（简称"十三五"规划）阶段，我国高新技术企业所属产业飞速发展，创新引领优势凸显，知识和技术的集聚效应进一步显现。截至2016年底，我国以新材料、新能源、高端装备制造等七大产业为代表的高新技术战略新兴产业发明拥有量达71.9万件，占我国发明拥有量的比重为40.5%。发明申请授权超过同期我国平均水平。2016年上述产业发明授权量达15.8万件，同比增长23.8%，增速比我国发明授权平均水平高11.3个百分点。2012~2016年战略性新兴产业中国发明专利授权走势如图2.1所示。

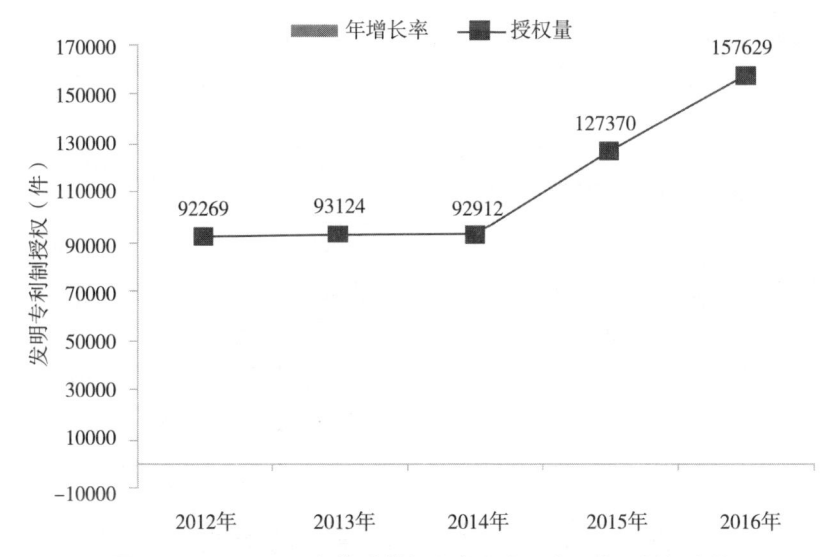

图2.1 2012~2016年战略性新兴产业中国发明专利授权走势

数据来源：《战略性新兴产业专利统计分析报告（2017年）》

伴随着我国高新技术产业的飞速发展，高新技术企业对高技能人才的密集需求和集聚效应也不断凸显。2016年，国内战略性新兴产业发明创造人才规模达32.0万人，是2012年的1.6倍。2012~2016年的年均增速为12.6%。各年度具体情况如图2.2所示。

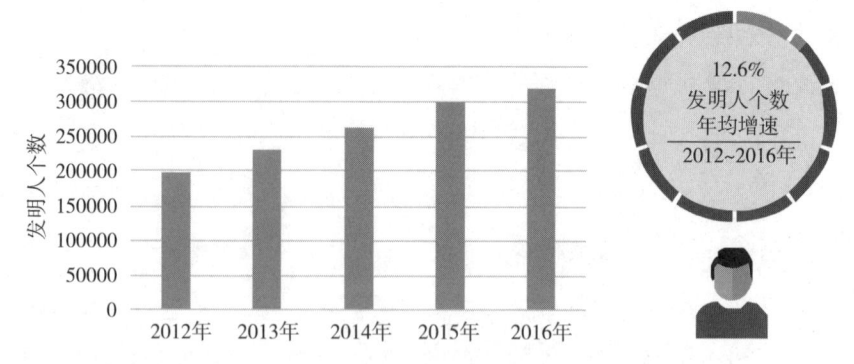

图2.2　2012~2016年国内战略性新兴产业发明创造人才规模

数据来源:《战略性新兴产业专利统计分析报告（2017年）》

3）高新技术企业典型特征

高新技术企业通过知识和技术的高度集成，促使该类型的企业除了具备一般企业共有的基础特征外，还具有"三高"的典型特征，即"投入高、风险高、收益高"（Wang et al.，2011；梁莱歆和张永榜，2006；朱卫平和伦蕊，2004；常玉等，2003）。

（1）投入高。

按照2016年国家修订的《认定办法》要求，高新技术企业近三年的R&D（研发）费占比（总研发投入/总销售收入）应符合表2.2要求。

表2.2　高新技术企业研发费用投入要求

企业销售收入规模（万元）	研发费占销售收入比例（%）	备注
<5000	≥5	要求发生在中国境内的研发费占全部研发投入比例≥60%
5000~20000	≥4	
>20000	≥3	

数据来源:《高新技术企业认定管理办法（2016年）》

这一研发投入要求远高于我国其他企业的具体指标，因此，"投入高"是我国高新技术企业的一个典型特征。同时我国的高新技术企业要求必须依托自主形成的核心知识产权开展相关经营活动。因此上述研究开发费用投入中，企业投入的重点主要集中在形成核心自主知识产权方面。

（2）风险高。

任何经营活动都存在风险，相较于传统企业，高新技术企业面临着更大的风险，尤其是技术风险。《认定办法》要求高新技术企业必须基于自主知识产权相关技术开展经营活动。以专利技术为例，这些技术均是所属领域具有前瞻性和探索性的创新技术，是针对现有产业技术的更新换代，因此与传统技术和现有技术相比，技术成熟度和可实现性方面都存在一定未知性。而高新技术企业在进行新产品、新技术开的发过程中，主要依托的是企业形成的知识产权，这些知识产权多为前沿的先进技术，还有待于研发和试验验证，因此在实施过程中还存在较大的不确定性，随之也会带来诸多创新失败的风险。同时由于知识产权属于无形资产，企业在运营、保护和管理过程中，需要时刻提防无形资产衍生的法律、经营等风险。高新技术企业经营过程中需要加倍注意知识产权风险，一方面要排查企业是否侵害他人已有的知识产权，另一方面也要排查相关方对本企业造成的侵权风险。

（3）收益高。

高收益是企业始终追逐的目标，高新技术企业依托核心自主知识产权开展经营活动，在收益实现和效益增长方面，企业一旦依托自主的知识产权实现了创新突破，受益于知识产权的排他权力，将获得比传统企业更加丰厚的回报和垄断收益。以广东省为例，2016年，广东全省高新技术产品产值达到5.44万亿元，与2015年相比同比增长10.4%；占全省工业总产值的比重达到39.0%，同比提高1.1个百分点。高新技术产品往往都是自主知识产权的成果，因此具有升级速度快、产品附加值高的属性，在为企业带来超额利润的同时，也要求企业需要持续关注和保持盈利机制，尤其需要高新技术企业加强企业知识产权管理，建立完善的知识产权管理体系，重视培养知识产权人才和构建知识产权战略，才能保持企业高增长的可持续和长远发展。

2.1.3 知识产权

1）知识产权的定义与表现形式

根据学者考证，知识产权（intellectual property）最早于17世纪中叶由法国著名学者Carpzov（卡普佐夫）提出，比利时著名法学家皮卡第在他的基础上完善后，给出的定义为"一切来自知识活动的权利"。据斯坦福大学法学院的Mark Lemley教授称直到1967年《世界知识产权公约》签订以后，该术语"知识产权"才被广泛使用，也逐渐被国际社会所承认。

最初，国内外表述知识产权主要采用列举主要内容的方式。如早期知识产权通常认为包括三个类别，分别为版权、商标和专利，因此很长一个时期内，人们通常把"版权、商标和专利"在一起的组合称之为知识产权。两个重要的国际公约则完全采用列举的方法来表述知识产权的概念。其一便是上文提到的《世界知识产权公约》，其二就是1994年4月15日签署、1995年1月1日生效的《与贸易有关的知识产权协议》（TRIPS协议）。该方法表述清楚、明确，但用来表述一个概念，则太过繁琐，并且知识产权的扩展并非固定不变（董涛，2017）。

《认定办法》中规定的核心自主知识产权主要包括专利、软件著作权、集成电路布图设计专有权、植物新品种。在高新技术企业的日常经营中，这些知识产权与厂房、设备等资产一样，成为企业发展不可或缺的重要组成部分。随着社会经济、政治、法律以及科学技术的不断进步，知识产权在企业发展中的作用日益凸显，其在时间、地域、法律等方面的独特属性也逐渐被人们所认知。本书研究涉及的知识产权是与高新技术企业密切相关的，因此，本书中涉及知识产权的研究边界应与《认定办法》中规定的保持一致。

2）知识产权的主要特点

知识产权的主要特点主要表现在以下方面（陈文君，2008；马耀文，1997；Gould and Gruben，1996）。

(1) 无形性。

知识产权是一种典型的无形财产权，是从事智力创造性活动取得成果后依法享有的权利。其无形性主要表现为：第一，知识产权智力成果不具有具体的物质形态，不会形成有形的控制和占有。第二，在使用过程中，看不到类似有形物质的损耗，任何人都可以了解已经公示的知识产权，因此，存在多个权力主体或个人共同使用的情况发生。第三，知识产权智力成果不会由于消费而导致自然灭失，它的存续主要取决于法律对其主体权力的认定。基于上述的无形性，企业必须充分认识知识产权的属性，在管理好有形资产的同时，实现知识产权无形资产的保值增值。

(2) 时间性。

知识产权是法律赋予权力主体在一定时期内享有的权利，因此知识产权普遍具有时间属性，即知识产权所有人对其智力成果享有的独占权力在时间上的效力并不是永久的，一旦法定的保护期限届满或是由于其他法定原因（无效终止），这一权利就会随之灭失，权利人也会因此失去对知识产权的所有权，相关知识产权即进入公共领域，而成为整个社会的公共财富。高新技术企业如何在法定有效期内充分利用知识产权创造价值，是对企业知识产权有效管理提出的挑战。

(3) 地域性。

知识产权是法律赋予权力主体在一定地域范围内享有的权利，因此知识产权还具有地域属性。根据一个国家的法律所获得的知识产权，只能在所属国的范围内受到法律的保护，而要获得其他国家的保护，就必须依照他国法律规定和相关国际协定的要求，履行相关手续后获取。因此高新技术企业在开展国际业务时，就必须遵守知识产权地域性的相关要求。配备专业的知识产权法律和国际运营人才，提前对知识产权进行部署，或者充分运用国家及国际组织间的知识产权协议，为企业的国际化进程保驾护航，对高新技术企业的发展显得尤为重要。

(4) 独占性。

知识产权的独占性主要是指他人在未经权利人许可的情况下，不得享有或使用该项权利。权利人这种独占和垄断性的权利是受到法律保护的。权利人所在企业可以充分利用这一法律赋予的有利条件，高效地发挥知识产权效用，大力推动知识产权的成果转化，从而最大限度地发挥好产品的自身价值，取得最大的经济效益。如何深刻认识知识产权独占性，并充分运用好这一属性助力企业盈利，是高新技术企业深化知识产权管理工作应当重点关注的关键问题。

2.1.4 企业管理体系

基于过程方法理论，可以将企业管理体系视为一个活动过程，包括管理输入、输出以及中间的转换过程。结合具体的生产型企业，企业管理体系可以看作由生产前流通—生产—生产后流通三部分构成。而事实上，企业管理体系又是一个庞杂的网络体，各类管理活动需要通过高度集成、有序、高效的作业体系优化后，构成一个有机个体，共同实现企业战略目标。建立现代化企业管理体系就是要把各种力量同向组合起来，形成最优的效能，发挥体系的总体功能，获取最大的效果。企业管理体系是维持企业运作和取得效益的一系列管理方法、管理机构、管理理念和管理人员的总称。一个企业管理体系的好坏，会影响到企业的长远发展（陆建华，1991）。

针对国际贸易发展的需要和标准实施中出现的问题，国际标准化组织（ISO）不断在世界范围内促进标准化及有关工作的开展，国际标准化组织（ISO）将管理体系定义为：是建立方针和目标并实现这些目标的体系，是企业组织制度和企业管理制度的总称。一个组织的管理体系往往不是由一个单独的、专项的管理体系构成，而是由多个或者一组管理体系构成。据统计，目前在企业内部推行的管理体系，除了常规的质量、环境、职业健康安全管理体系外，还有知识产权、两化融合、能源管理、信息安全等十余种管理体系。它们均分别从不同的专业领域支撑着企业的健康发展。以下介绍几种企业最常见的管理体系。

1）质量管理体系

ISO9000质量管理又称全面质量管理体系，其是由国际标准化组织（ISO）组织制定并发布的，该体系是最早引入我国的先进管理体系标准的代表。ISO9000质量管理体系系列标准诞生于20世纪80年代，但发展的速度非常快，截至目前已经经历了多次修订，现行的ISO9000质量管理体系标准是2015年最新修订的版本。全面质量管理体系引入了"PDCA循环理论"和"八项质量管理原则"，其核心目的是为了帮助企业构建一个协调有效的质量体系，通过一整套系统的逻辑程序和运作步骤实现组织的质量方针和目标。质量管理体系由于引入中国时间久、受关注程度高，因此是目前中国企业各类管理体系中，存量最大，同时也是影响力最大的一个企业管理体系。

2）环境管理体系

环境管理体系最早诞生于英国，1992年英国标准院制定了世界首个环境管理体系，当时的编号为BS7750，该标准最初是自愿性的认证标准，企业和组织可以自己按照标准施行管理体系，自由决定是否进行第三方认证。该标准先后在欧盟等世界各国流行，影响力越来越大。为了扩大其世界通用性，国际化标准组织通过合作整合，在1996年颁布了包括ISO14001在内的环境管理系列管理体系标准。随着该标准的推行，对加强企业和组织的环境管理，持续改进环境行为起到了显著的效果。

3）职业健康安全管理体系

职业健康安全管理体系的发展和起步较晚，但由于其关注的是职业健康安全问题，因此得到各国和相关组织的高度重视。中国是国际标准化组织的重要成员国，我国政府高度重视职业健康安全管理体系系列标准的制定工作，在该系列标准问题提出之初，便积极参与了标准的制定和讨论工作。2001年国标《职业健康安全管理体系规范》（GB/T28001—2001）正式颁布实施，标志着我国在职业健康安全管理体系建设方面迈出了坚实而专业的一步。而在国际上，职业健康安全管理体系标准的代号是以OHSAS18000系列标准出现，虽然有别于ISO系列标准的相关规则，但是该体系在具体实践中亦遵循"PDCA循环理论"以及诸多通行的管理方法。

以质量、环和职业健康安全管理体系为代表的标准管理体系一并被称为"后工业化时代的科学管理方法"，同时也是目前中国企业标准管理体系建设过程中贯标历史最久、存量基数最大的标准体系。在企业的实际经营管理活动中，为了实现质量、环境和职业健康安全体系的同步建设，而将这三体系的贯标和认证工作同步展开。因此在认证行业和企业贯标工作中将这三类体系通称为"三体系"（QES）。目前，我国高新技术企业多数均开展了三体系（质量管理体系QMS、环境管理体系EMS、职业健康安全管理体系OHSMS）的建立和实施工作，并通过了第三方认证机构的审核和认证（李西良，2017）。

2.2　国内外相关研究综述

本节主要开展国内外相关领域的文献研究，通过分析当前已有的研究成果，归纳其研究方法和研究结果，发现和总结现有研究的不足之处。首先在各种文献数据库中对本领域研究者关注的重点进行检索和统计，然后分别对检索到的研究成果进行分析和综述。重点聚焦在知识产权能力、企业知识产权管理体系合知识产权管理评价三个方面，以下进行分类研究。

国内对企业知识产权管理方面的研究越来越重视，但在高新技术企业知识产权管理体系领域的研究还偏少。在"中国学术期刊网络出版总库（核心期刊）"，以"知识产权能力""知识产权管理""企业+知识产权管理""高新技术企业+知识产权管理体系"为关键词进行检索，2000~2017年期间分别出版了70篇、1209篇、317篇和26篇中文学术文献。

通过检索发现，国外针对企业层面知识产权管理研究方面的文献和理论实践较多，起步也较早。但聚焦在高新技术企业知识产权管理体系建设方面的研究也偏少。在"web of science",以"intellectual property capability""intellectual property management""enterprise + intellectual property management""high-technology enterprises + intellectual property management system"为关键词进行检索,2000~2017年累计分别出版了777篇、4049篇、487篇和5篇英文学术文献。

2.2.1 知识产权能力研究

从研究视角和对象上来看,受到数据等方面的限制,学术界关于知识产权能力的研究主要集中在宏观层面。例如针对国家和区域层面(世界知识产权组织,2017;雒园园,2014;王正志 等,2011)。针对企业知识产权能力方面的研究才刚刚起步,主要集中在知识产权能力构成方面(池仁勇和潘李鹏,2017;刘婧 等,2017;吴佳晖和袁晓东,2017;池仁勇和潘李鹏,2016)。虽然近年来从微观视角对高新技术企业知识产权能力建设方面进行了一些有益探索(杨晨和谢裕莲,2015),但相关研究并没有形成一个基本的研究范式,研究规范性较低,结论可行性不强。

从研究内容来看,目前的研究中针对知识产权能力构成的论述较为分散(池仁勇和潘李鹏,2017;刘婧 等,2017;吴佳晖和袁晓东,2017;池仁勇和潘李鹏,2016)。2008年,《国家知识产权战略纲要》发布后,对知识产权能力研究相对聚焦在知识产权创造能力、知识产权运用能力、知识产权保护能力以及知识产权管理能力四个方面的结合(宋河发 等,2013)。

从研究方法上来看,早期关于知识产权能力的评价多采用单指标研究,关注的指标多聚焦在某一具体的领域,黄庆 等(2004)从专利质量、专利数量以及专利价值三类指标组合形成一组知识产权指标体系。后期为了排除人为主观因素的影响,学者们较多运用数量统计的分析法建立模型函数。目前最常见的方法依旧是综合指标体系评价方法。除此之外,兼有数据包络分析(data envelopment analysis,DEA)、模糊综合评价等方法,尤其是模糊综合评价方法针对定性与定量结合数据指标分析的优点,而被广泛应用于知识产权管理综合评价方面。为了综合测量和评价,刘凤朝 等(2005)运用主成分分析法对专利工作状况进行测度排序,具体涉及我国31个省、市、区自治;刘凤朝 等(2004)针对国内15个城市的专利工作情况进行了评价,其采用的研究方法是聚类分析与主成分分析相结合的方法。表2.3对已有研究中所采用的方法进行了总结。

表2.3 当前研究中主要使用的研究方法

主要分析方法	主要模型形式	作者(发表年代)
数据包络分析(DEA)	CCR模型 BCC模型	李守伟(2010) 苏杨(2008)
多指标综合评价法	熵值法-TOPSIS法 模糊综合评价法 因子分析法 TOPSIS法 系统聚类法	陈伟等(2016) 周正柱、朱可超(2016) 王旦(2015) 罗爱静等(2015) 李瑞璇,王学思(2012)
多指标综合评价法	AHP模型 主成分分析法 主成分分析与聚类分析相结合	常林朝,户海潇(2011) 刘凤朝等(2005) 刘凤朝等(2004)
神经网络分析法	基于BP神经网络	何立业(2013)

2.2.2 企业知识产权管理研究

1)国外研究现状梳理

国外对于企业知识产权管理方面的研究历史比较久远,20世纪90年代初,高桥明夫(1990)主张企业开展专利工作,应密切结合企业的战略方针需求。以欧美日为主的学者在企业知识产权管理领域不仅积累了大量理论研究,同时也开展了诸多卓有成效的实证研究。而在产业界的研究,更多是集中在美国和日本的优秀企业,IBM、东芝、佳能等大型企业集团通过实践和理论结合的方法,亦产生了一系列非常实用的研究成果。

Gans 和 Stern(2003)以及 Furman 等(2002)以专利测度为目标,讨论了

强化知识产权保护可以驱动创新绩效。Samson（2005）指出，企业知识产权战略属于企业战略的一个有机组成。这一研究发现，得到诸多研究者的共识。然而在知识产权评价方面的研究，国际上至今也没有达成一致共识。国外主要集中在针对专利的评价。具体研究有专利记分牌、洛桑报告专利评价体系、Ginarte-Park 指数法、经合组织（OECD）科技指标系列手册等。Reitzig（2004）利用价值分析方法，开展了 20 余个针对专利指标和价值的分析，最后通过实证研究建立了专利权的评价方法。Lanjouw 和 Schankerman（2004）通过实证研究证明了单一指标在测量专利质量方面存在较大偏差，运用指标综合分析的方法可以有效降低误差。

在企业知识产权管理体制方面的研究，国外大型企业集团具有较多实践，并为全球企业做出了积极表率和贡献。IBM 公司在企业管理方面推行典型的集中管理体系，其在集团总部设立统一的高度集权的知识产权管理部门，全球各分子公司的知识产权事务均统一接受总部调度和管控。佳能公司则采用行列管理的体制，在知识产权管理方面结合具体的产品线和公司权属的不同分别构建管理体系。还有一些国外企业结合企业实际，采用分散管理体系。例如东芝公司，在全球各地的子公司均设有独立的知识产权管理部门，这些管理部门的职能主要受属地进行管理。不论采用何种管理方式，通过研究发现，国外大型企业集团在开展企业知识产权管理方面，均有以下两个共同特点：一是高度重视知识产权工作，归口管理知识产权的部门都属于企业核心部门，部分部门直接向总经理汇报工作。二是都强化知识产权战略与企业经营发展战略的紧密结合，各企业在制定知识产权指标方面都与企业经营业绩挂钩，强调战略融合。

2）国内研究现状梳理

由于"知识产权"是舶来品，因此国内学者对企业知识产权管理方面的研究相对迟缓。中南财经政法大学校长吴汉东教授在国内较早提出了知识产权理论范畴，对知识产权基础理论进行体系化研究，其观点得到学界的普遍认同。

吴汉东（2009）认为，企业对知识产权的培育和运用，受制于诸多社会条件制约；知识产权保护环境的建设，与知识产权法律、社会知识产权文化的养成等要素息息相关。徐雨森（2003）分析了企业竞争力与知识产权战略的强相关性。徐明华和包海波（2003）建议国内企业应以开放的视野、谦逊的心态，认真对标国外优秀企业知识产权管理方面的做法，尤其是在知识产权开发和保护方面的有益尝试。学习发达国家企业运用技术创新和知识产权管理相关理论，构建企业知识产权管理体系。作为企业知识产权战略研究的先行者之一，冯晓青（2005）立足我国知识产权保护的视角，提出知识产权战略与法制之间的重要联系；同时其站在企业的立场，鲜明提出要把知识产权融入企业经营战略中，从微观角度针对企业激烈竞争的情景下，如何运用知识产权进行深入细致的分析。何敏（2002）较为细致地指出应从制度建设和组织建设两个方面加强企业知识产权管理，并提出了三种适用于不同企业的知识产权管理组织架构。

为了促进企业重视知识产权管理，我国从2001年开始开展企事业单位知识产权试点工作，在全国选取典型单位进行重点培养。通过标准化的管理要求辅助企业科学开展知识产权管理工作，经过10余年的不懈努力，在各省区、各行业培育了一批优秀的知识产权试点和示范企业。但是相对于全国众多的企业基数和各行各业不同的管理诉求，试点工作显然已经无法满足企业在新时期的新要求，基于企业知识产权活动全生命周期、全要素的科学、规范的管理理念和管理体系呼之欲出。从2009年起，江苏、广东等经济发达省份先后尝试开展《企业知识产权管理规范》地方标准研究和推广活动。直至2013年3月1日，由国家知识产权局牵头起草制定的国家标准《企业知识产权管理规范》GB/T 29490—2013终于正式颁布实施，该标准的制定和施行充分融入了基于管理活动过程方法的管理模型，提出了基于企业计划（P）、实施（D）、检查（C）、改进（A）的持续改进体系理念。江苏省等知识产权局和质量技术监督局还通过聘请专家、开展培训等多种途径，有效指导和帮助企业开展贯标工作。在国家知识产权局、国家质量监督检验检疫总局、国家标准化管理委员会以及各省区政府的大力推动下,企业的知识产权贯标活动迅速在全国展开,并得到了政府、企业及相关方的认可,将企业知识产权管理体系建设带入到一个全新的轨道和认知领域(朱宇 等,2015)。

3)国外优秀企业知识产权管理比较分析

由于知识产权制度发源于国外,因此企业知识产权管理的诸多最佳实践案例也来自国外。重视企业知识产权管理在发达国家早已达成共识,以美国、日本和德国为例,上述三国均先于中国制定了国家知识产权战略,积极引导本国企业重视知识产权管理,源源不断地给予本土企业优惠政策等专项支持。这些发达国家培育出了诸多非常优秀的跨国企业,而这些企业始终保持竞争优势的秘诀,离不开对知识产权的合理利用和管理。

表2.4分别对美国、日本和德国知名企业的知识产权管理工作进行聚类比较分析。

表2.4　国外企业知识产权管理实践比较分析

工作	IBM公司(美国)	日立公司(日本)	西门子公司(德国)
知识产权战略	建立专利保护专业体制,大力鼓励发明创造,构建知识产权网络系统,进行知识产权信息和战略管理。合理利用专利开放模式,权衡眼前利益和长远利益,牢固树立创新主导地位	建立了综合的知识产权管理体系,并结合企业实际进行动态调整。充分考虑企业已有的各类经营战略与知识产权战略的关联性,强调融合建设	为趋势引领性技术定制知识产权战略,积极布局国际专利和标准,以价值为导向持续优化组合专利,注重知识产权的信息利用
组织管理	知识产权管理总部负责统管公司事务,中央集权负责处理所有与IBM公司全球业务有关的知识产权事务	设立知识产权本部,居于核心地位,直接隶属于社长之下,是社长的幕僚单位	统一、共享模式,在全球各地设立十余个管理部门,负责统一管理各类知识产权事务
知识产权管理内容	商标、专利、商业秘密、集成电路布图设计及其他知识产权管理事务	知识产权日常管理维护以及各类知识产权纠纷、法律诉讼处理	知识产权申报、运用、许可、保护等知识产权事务
制度体系建设情况	建立有完备的知识产权创造、运用、保护、管理配套的制度体系	知识产权制度完备	知识产权制度完备

注:本表为笔者根据参考文献(金永红和慈向阳,2007)整理得出

2.2.3 企业知识产权管理评价研究

姬韶锋（2016）以企业效益为目标，集成企业组织结构和知识管理相关流程，建立了针对知识管理的指标评价体系（含3个准则层、一级指标9个、二级指标29个）。易蓉（2015）运用"熵值法"（Entropy-TOPSIS）构建了企业专利管理评价体系，具体结合黑龙江当地企业作为样本数据测算，评价中重点考虑了知识竞争力对专利管理的影响。罗洪云等（2014）运用定性和定量相结合的方法，构建了知识管理评价模型。张永超（2013）构建了基于"知识产权保护、运营、开发"三过程的企业知识产权管理系统评价体系，重点调研了我国知识产权密集型产业，并选取了制造业作为研究对象，还结合其特点对指标进行了筛选和确立，以保证评价体系的客观性和适用性。田群（2010）构建了基于"知识产权战略、经营、研发运用、保护、日常管理"五维度企业知识产权管理评价体系。刘驰（2009）运用层次分析法对集群企业开展了知识产权管理评价分析，采用总–分的方式，先厘清了集群体系间的相互作用和关系，并立足集群知识产权管理，分别构建集群内各企业的知识产权管理体系。鲍新中和刘小军（2009）先构建了预选指标集，然后结合外部环境和企业知识产权管理特点筛选指标，运用集值统计法构建了企业知识管理评价体系。

第3章 高新技术企业知识产权能力构成与测度研究

本章首先描述了所研究问题的研究背景；其次，界定了高新技术企业知识产权能力的内涵，并对其构成要素进行了分析；然后，选取了知识产权能力测度指标，并构建了指标体系。在此基础上，给出了知识产权能力指数模型，并进行实证研究以验证所给模型的可行性与有效性。

3.1 研究背景

随着知识经济时代的快速发展以及国家知识产权战略的深入实施，知识产权已成为引领产业持续发展、提升企业核心竞争力的战略性资源和决定性因素，其蕴藏的重要经济价值及发挥的市场调节作用得到了充分彰显（陈恒和侯建，2017；Chen et al.，2017；Huang et al.，2017；Wen et al.，2016）。高新技术产业是高度依赖知识产权的知识密集型代表性产业，具有投入高、风险高和收益高的典型特征（曹萍 等，2017；Saboo et al.，2017）。作为该产业发展的核心载体和主导力量，高新技术企业肩负着依托核心自主知识产权开展经营活动的使命和职责（许玲玲，2017；中华人民共和国科学技术部，2017）。当前我国正处于知识产权强国建设的关键时期，知识产权能力（intellectual property capability，IPC）是衡量高新技术企业核心竞争力水平的主要指标，也是加快实现知识产权从数量速度型向质量效益型转变的重要基石和首要抓手（池仁勇和潘李鹏，2017；池仁勇和潘李鹏，2016）。高新技术企业知识产权能力构成与测度研究是一个极有研究价值的问题，不仅有助于企业决策者科学判定自身知识产权能力的真实水平、明晰优势和短板及与同行的差距，还可以为其制定知识产权能力提升策略提供必要的科学依据与决策支持。

近年来，企业知识产权能力的相关研究已经引起一些国内外学者的关注，主要聚焦于知识产权能力的构成与影响因素分析（于丽艳和李军力，2017；池仁勇和潘李鹏，2016；Xue and Wang，2012）、知识产权能力与创新绩效以及经济增长的关系探索（刘婧 等，2017；吴佳晖和袁晓东，2017；袁博 等，2014；Ahammad et al.，2018；Brüggemann et al.，2016；Eicher and Garcia-Penalosa，2008）、知识产权能力的演化路径与机理分析（池仁勇和潘李鹏，2017；Cook and Liu，2016）等方面。关于知识产权能力测度的量化研究所见不多，所采用的主流方法为指数法，学者们立足于国家视角（Liu and La Criox，2015）、产业视角（Campi and Nuvolari，2015；Li and Yu，2015）以及科研机构视角（宋河发 等，2013）分别提出了PIPP指数（Liu and La Criox，2015）、IPLIS指数（Li and Yu，2015）、IPRs指数（Campi and Nuvolari，2015）以及IPR指数（宋河发 等，2013）等，研究视角的尺度不同也导致了这些方法中指数构成维度选取及维度权重处理的差异。这些研究成果为明晰高新技术企业知识产权能力的内涵与构成、测度高新技术企业知识产权能力的水平提供了有价值的参考和借鉴。

需要指出的是，已有学者指出知识产权能力是一个多要素构成的有机整体，且各要素之间并非完全独立而是存在相辅相成的关联（刘婧和占绍文，2017；刘婧 等，2017；宋河发 等2013），但是上述指数均未考虑该关联对知识产权能力测度的影响，这将不利于保证知识产权能力测度过程的科学性和测度结果的准确性。在测度知识产权能力时，一方面，由于知识产权是典型的无形资产且具有成果类型多样性（如版权、专利、商标等）（Chen et al.，2017；Gans et al.，2017），需将定性与定量测度相结合；另一方面，由于被测度主体之间存在体量差异，在定量测度中还需要考虑总量指标与相对指标的兼顾性。高新技术产业的"三高"特征及知识产权测度固有的指标关联性、定性与定量相结合性以及总量指标与相对指标的兼顾性，对高新技术企业知识产权能力测度指数设计提出了更高的要求。

3.2 知识产权能力的内涵与构成分析

通过对已有研究成果中知识产权能力相关概念的系统性梳理以及现实中高新技术企业典型特征的提取与分析，本节将给出高新技术企业知识产权能力的内涵界定，并对其构成要素的定义、功能及相互关系进行分析。

3.2.1 知识产权能力的内涵界定

目前，学者们尚未对知识产权能力的内涵达成共识。其中，池仁勇和潘李鹏（2017）认为知识产权能力是企业通过创造、运用和管理等行为获取知识产权并将其转化为竞争优势的能力；刘婧 等（2017）认为知识产权能力是企业通过学习和内化知识产权制度，以知识产品（或服务）的创新、知识产权的确权为核心，围绕知识产权转移、运用过程而形成的综合性能力；吴佳晖和袁晓东（2017）认为知识产权能力是企业在创新过程中所具备的知识产权创造、保护和运用的能力；宋河发 等（2013）认为知识产权能力是知识产权创造、运用、保护和管理四个方面能力的有机整体。

与一般企业相比，高新技术企业是以核心自主知识产权为基础开展经营活动的知识密集、技术密集经济实体，与高投入、高风险和高收益相呼应的是对知识产权能力的更高要求。结合已有研究成果以及现实中高新技术企业的典型特征，本节首先界定了高新技术企业知识产权能力的内涵，即以基础创新能力为基础与条件保障，围绕知识产权创造、运用、保护和管理过程而形成的综合能力。高新技术企业知识产权能力的提升，往往离不开基础创新能力保障的持续稳定、知识产权创造的提质增效、知识产权运用的有效助推、知识产权保护的意识提升以及知识产权管理的制度健全等各个方面的共同作用与合力推进。

3.2.2 知识产权能力的构成要素

明晰知识产权能力的构成要素是设计高新技术企业知识产权能力指数的前

提。与已有研究中知识产权能力的内涵相呼应，学者们对知识产权能力构成要素的划分包括"知识产权创造—知识产权运用—知识产权管理"三维论（池仁勇和潘李鹏，2017；刘婧 等，2017；池仁勇和潘李鹏，2016）、"知识产权创造—知识产权保护—知识产权运用"三维论（吴佳晖和袁晓东，2017）、"知识产权创造—知识产权运用—知识产权保护—知识产权管理"四维论（宋河发 等，2013）等。本节，结合所界定的内涵将高新技术企业知识产权能力分解为以下五个构成要素。

（1）基础创新能力。

基础创新能力反映了高新技术企业为开展知识产权工作提供必备的销售收入、研发投入等条件保障以及创新成果积累等物质基础的能力，是知识产权能力提升的重要源泉。

（2）知识产权创造能力。

知识产权创造能力反映了高新技术企业依托知识产权投入开展创新活动并形成各类创新成果（如版权、专利、商标等）的能力，是知识产权能力提升的核心动力。

（3）知识产权运用能力。

知识产权运用能力反映了高新技术企业通过自身拥有创新成果的产品化和市场化，并将已有的知识产权优势转化为利润优势的能力，是知识产权能力提升的终极目的。

（4）知识产权保护能力。

知识产权保护能力反映了高新技术企业对知识产权风险防范与处置的能力，是知识产权能力提升的主要手段。

（5）知识产权管理能力。

知识产权管理反映了高新技术企业为知识产权工作的组织协调、制度建设和人员配置提供规范性引导和服务支撑的能力，是知识产权能力提升的关键抓手。

有必要强调的是，各个构成要素并非完全独立，而是存在相辅相成的关联。例如，知识产权创造能力的提升会形成更多有待产品化和产业化的创新成果，势必对知识产权运用能力提出更高的要求；反之，知识产权运用能力的提升也必然会加快知识产权创造的进程，进而带动知识产权创造能力的提升。通过对各构成要素关联关系的深入解析，绘制出如图3.1所示的知识产权能力构成要素关联示意图。此外，需要指出的是，各个构成要素之间的关联是非双向对等关联。也就是说，通常情况下，要素A对要素B所产生关联的强弱程度并不等于要素B对要素A所产生关联的强弱程度。

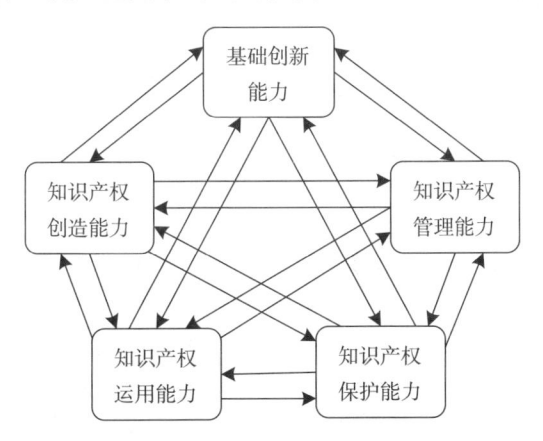

图3.1 高新技术企业知识产权能力构成要素关联示意图

3.3 知识产权能力测度指标体系构建

首先，明确高新技术企业知识产权能力测度指标的选取原则、选取方法和选取过程；然后，给出所构建指标体系中各个测度指标的定义、类型划分、量化公式等；在此基础上，通过分析所选取测度指标之间的关联来构建测度指标体系的层级架构，并明晰其结构特征。

3.3.1 测度指标的选取

测度指标的选取是开展高新技术企业知识产权能力测度工作的首要环节。本节以所界定的高新技术企业知识产权能力内涵为导向，结合知识产权能力测度的定性定量相结合性以及总量指标和相对指标的兼顾性，以指标可描述、数据可获取、过程可追溯和结果可比对为原则进行测度指标的选取。测度指标的选取方法和主要过程描述如下。

首先，采用文献分析方法，对知识产权能力相关的研究文献进行了系统性梳理，从中筛选出可用于测度高新技术企业知识产权能力的指标，形成了备选测度指标集合。其次，采用专家访谈法，对来自国家知识产权局、中国科学院等相关机构以及华为、海尔、格力等知名高新技术企业中的多位领域专家和企业高管进行了深度访谈，结合其意见对备选测度指标集合进行了必要的筛选和修正。再次，采用集体会商法，对修正后的测度指标进行了指标类型的划分和内容描述的校准（定性指标以是否形式刻画；定量指标以总和来刻画总量表征、以比重来刻画相对表征），进而确定了高新技术企业知识产权能力测度指标集合。最后，将高新技术企业知识产权能力的构成要素作为测度维度，结合测度指标集合中各个指标的含义分别归至相应的测度维度，进而确定高新技术企业知识产权测度指标体系。

3.3.2 测度指标体系的构成与描述

结合测度指标的选取原则、选取方法和选取过程，构建如表3.1所示的高新技术企业知识产权能力测度指标体系，并进一步给出每个测度指标的定义、类型划分、量化公式等。

1）基础创新能力维度

该维度侧重刻画高新技术企业为开展知识产权工作提供必备的销售收入、研发投入等条件保障以及创新成果积累等物质基础的能力，主要涉及三个测度指标，分别为产品销售收入、研发投入和技术创新重要成果。

表3.1 高新技术企业知识产权能力测度指标体系

测度维度	测度指标
基础创新能力(C^1)	产品销售收入(C_1^1)
	研发投入(C_2^1)
	技术创新重要成果(C_3^1)
知识产权创造能力(C^2)	知识产权年度投入(C_1^2)
	知识产权年度投入占比(C_2^2)
	专利申请量(C_3^2)
	发明占全部专利比例(C_4^2)
	国际知识产权数量(C_5^2)
	其他知识产权数量(C_6^2)
知识产权运用能力(C^3)	专利实施率(C_1^3)
	知识产权转让许可数量(C_2^3)
	专利销售收入(C_3^3)
	专利销售收入占比(C_4^3)
	知识产权转让、许可收益(C_5^3)
	专利信息运用能力(C_6^3)
	知识产权融资能力(C_7^3)
知识产权保护能力(C^4)	专利行政调处、司法主诉数量(C_1^4)
	知识产权侵权预警和风险监控能力(C_2^4)
	知识产权风险定期测评能力(C_3^4)
	知识产权尽职调查能力(C_4^4)
	知识产权纠纷处置能力(C_5^4)
知识产权管理能力(C^5)	知识产权工作者数量(C_1^5)
	知识产权规章制度全面性(C_2^5)
	知识产权服务支撑能力(C_3^5)
	核心人员知识产权培训率(C_4^5)

（1）产品销售收入。

指每年取得产品销售收入的总和（单位：万元），为定量型指标，指标值可从企业报表中直接提取。

(2) 研发投入。

指每年投入研发费用的总和（单位：万元），为定量型指标，指标值可从企业报表中直接提取。

(3) 技术创新重要成果。

指每年取得技术创新重要成果的数量总和（单位：个），为定性与定量相结合型指标。指标值不能直接获取，需要基于企业报表数据进行二次加工，量化公式为：发明专利授权量+实用新型授权量+外观设计授权量+PCT授权量+PCT有效总量+巴黎公约授权量+巴黎公约有效总量+商标数量+版权数量+其他数量+国家重大科技专项承担情况+中国专利金奖获得数量+中国专利优秀奖获得数量+中国商标金奖获得数量+世界知识产权组织版权金奖获得数量+国家技术发明奖获得数量+省级政府奖励获得数量+国家标准编制数量+行业标准编制数量+国际标准编制数量。其中，"国家重大科技专项承担情况"具有定性表征，以是否形式来刻画，量化时将其转化为0/1信息，否对应0，是对应1。

2) 知识产权创造能力维度

该维度重点刻画高新技术企业依托知识产权投入开展创新活动并形成各类创新成果（如版权、专利、商标等）的能力，主要涉及六个测度指标，分别为知识产权年度投入、知识产权年度投入占比、专利申请量、发明占全部专利比例、国际知识产权数量和其他知识产权数量。

(1) 知识产权年度投入。

指每年对专利的申请、维持、保护、奖励等投入的费用总和（单位：万元），为定量型指标。指标值不能直接获取，需要基于企业报表数据进行二次加工，量化公式为：专利申请投入+专利维持年费+专利保护投入+专利奖励投入+其他知识产权投入。

(2) 知识产权年度投入占比。

指每年的知识产权投入金额占当年度投入研发费用的比重（单位：%），为定量型指标。指标值不能直接获取，需要基于企业报表数据进行二次加工，量化公式为：（知识产权年度投入/研发投入）×100%。

（3）专利申请量。

指每年发明专利、实用新型及外观设计的申请量总和（单位：件），为定量型指标。指标值不能直接获取，需要基于企业报表数据进行二次加工，量化公式为：发明专利申请量+实用新型申请量+外观设计申请量。

（4）发明占全部专利比例。

指每年发明专利申请量占专利申请量的比重（单位：%），为定量型指标。指标值不能直接获取，需要基于企业报表数据进行二次加工，量化公式为：（发明专利申请量/专利申请量）×100%。

（5）国际知识产权数量。

指每年PCT、巴黎公约及国外注册商标的申请量总和（单位：件），为定量型指标。指标值不能直接获取，需要基于企业报表数据进行二次加工，量化公式为：PCT申请量+巴黎公约申请量+国外注册商标申请量。

（6）其他知识产权数量。

指每年国内注册商标、中国驰名商标、集成电路布图设计、计算机软件著作权登记等的数量总和（单位：件），为定量型指标。指标值不能直接获取，需要基于企业报表数据进行二次加工，量化公式为：国内注册商标数量+中国驰名商标数量+集成电路布图设计数量+计算机软件著作权登记数量。

3）知识产权运用能力维度

该维度聚焦高新技术企业通过自身拥有创新成果的产品化和市场化，并将已有的知识产权优势转化为利润优势的能力，主要涉及7个测度指标，包括：专利实施率、知识产权转让许可数量、专利销售收入、专利销售收入占比、知识产权转让、许可收益、专利信息运用能力和知识产权融资能力。

（1）专利实施率。

指每年用于企业实际生产、进行许可或转让的授权专利占企业拥有有效专利的比重（单位：%），为定量型指标，指标值可从企业报表中直接提取。

(2) 知识产权转让许可数量。

指每年知识产权接受转让与许可以及向外转让与许可的数量总和（单位：件），为定量型指标。指标值不能直接获取，需要基于企业报表数据进行二次加工，量化公式为：知识产权接受转让数量+知识产权接受许可数量+知识产权向外转让数量+知识产权向外许可数量。

(3) 专利销售收入。

指每年的专利销售收入总和（单位：万元），为定量型指标，指标值可从企业报表中直接提取。

(4) 专利销售收入占比。

指每年的专利销售收入占产品销售收入的比重（单位：%），为定量型指标。指标值不能直接获取，需要基于企业报表数据进行二次加工，量化公式为：（专利销售收入/产品销售收入）×100%。

(5) 知识产权转让、许可收益。

指每年通过转让、许可知识产权取得的收益总和（单位：万元），为定量型指标。指标值不能直接获取，需要基于企业报表数据进行二次加工，量化公式为：知识产权转让收益+知识产权许可收益。

(6) 专利信息运用能力。

指每年是否开展竞争对手分析、战略布局与主动防御等工作，为定性型指标，具体考核内容包括：是否对竞争对手进行分析、是否充分利用失效或无效专利及他国专利、战略布局与主动防御中是否利用专利信息、新产品开发及科研立项中是否利用专利信息、专利申请中是否利用专利信息、专利诉讼中是否利用专利信息、产品技术进口中是或否利用专利信息、专利许可中是否利用专利信息、专利投融资中是否利用专利信息、中外合资合作中是否利用专利信息。在指标量化时，先将上述十个以是否形式来刻画的考核结果转化为0-1信息，否对应0，是对应1；再将转化后的信息进行算数平均，将算数平均值作为指标值。

(7) 知识产权融资能力。

指每年知识产权作价入股和质押融资的金额总和（单位：万元），为定量型指标。指标值不能直接获取，需要基于企业报表数据进行二次加工，量化公式为：知识产权作价入股金额+知识产权质押融资金额。

4) 知识产权保护能力维度

该维度主要考核高新技术企业对知识产权风险防范与处置的能力，主要涉及5个测度维度，分别为专利行政调处、司法诉讼数量、知识产权侵权预警和风险监控能力、知识产权风险定期测评能力、知识产权尽职调查能力和知识产权纠纷处置能力。

(1) 专利行政调处、司法诉讼数量。

指每年专利行政调处、司法主诉的数量总和（单位：件），为定量型指标。指标值不能直接获取，需要基于企业报表数据进行二次加工，量化公式为：专利行政调处数量+专利司法诉讼数量。

(2) 知识产权侵权预警和风险监控能力。

指是否建立知识产权侵权预警和风险监控的相关机制，为定性型指标，以是否形式来刻画。在指标量化时，将其转化为0/1信息，否对应0，是对应1。

(3) 知识产权风险定期测评能力。

指每年是否定期开展知识产权风险测评，为定性型指标，以是否形式来刻画。在指标量化时，将其转化为0/1信息，否对应0，是对应1。

(4) 知识产权尽职调查能力。

指每年是否尽职调查知识产权，为定性型指标，以是否形式来刻画。在指标量化时，将其转化为0/1信息，否对应0，是对应1。

(5) 知识产权纠纷处置能力。

每年是否有维权活动以及是否建立应对知识产权纠纷的机制，为定性型指标。具体考核内容包括：是否有维权活动和是否建立应对知识产权纠纷的机制。在指标量化时，先将上述两个以是否形式来刻画的考核结果转化为0/1信息，否对应0，是对应1；再将转化后的信息进行算数平均，将算数平均值作为指标值。

5) 知识产权管理能力维度

该维度聚焦高新技术企业为知识产权工作的组织协调、制度建设以及人员配置提供规范性引导和服务支撑的能力，主要涉及4个测度指标，分别为知识产权工作者数量、知识产权规章制度全面性、知识产权服务支撑能力和核心人员知识产权培训率。

（1）知识产权工作者数量。

指每年专职及兼职从事知识产权工作的人员数量总和（单位：人），为定量型指标。指标值不能直接获取，需要基于企业报表数据进行二次加工，量化公式为：专职知识产权工作者人数+兼职知识产权工作者人数。

（2）知识产权规章制度全面性。

指是否建立机构、培训、奖励、保密、竞业禁止等方面的规章制度，为定性型指标。具体考核内容包括：是否建立机构管理制度、是否建立培训教育制度、是否建立奖励制度、是否建立保密制度、是否建立竞业禁止制度、是否建立职务发明条款要求、是否建立权属条款要求、是否制定规划要求、是否建立发明人奖励机制、是否建立内部专家评议机制。在指标量化时，先将上述10个以是否形式来刻画的考核结果转化为0/1信息，否对应0，是对应1；再将转化后的信息进行算术平均，将算术平均值作为指标值。

（3）知识产权服务支撑能力。

指是否可提供专业化的知识产权服务，为定性型指标，以是否形式来刻画。在指标量化时，将其转化为0/1信息，否对应0，是对应1。

（4）核心人员知识产权培训率。

指具有代理资格和律师资格的工作者占知识产权工作者的比重，单位：%，为定量型指标。指标值不能直接获取，需要基于企业报表数据进行二次加工，量化公式为：(知识产权工作者中具有代理资格的人数+知识产权工作者中的律师人数)/知识产权工作者数量×100%。

3.3.3 指标体系的网络层级结构

结合测度维度之间以及测度指标之间存在关联的特点，构建具有网络层级结构的知识产权能力测度指标体系，如图3.2所示。

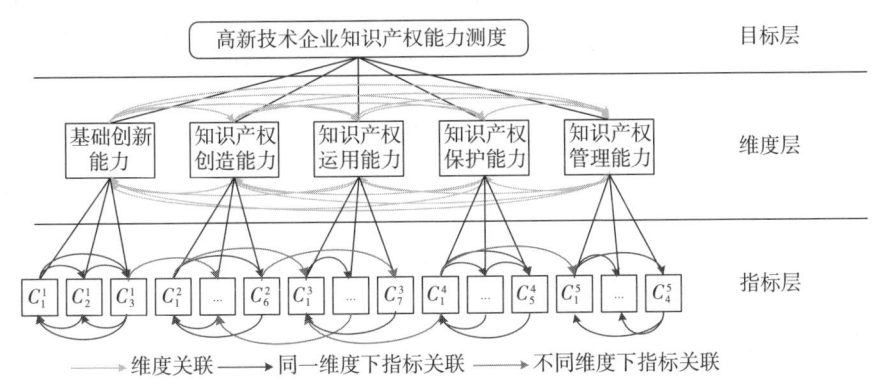

图3.2 高新技术企业知识产权能力测度指标体系的网络层级结构

该指标体系由目标层、维度层和指标层以及维度关联和指标关联共同构成。其中，指标关联分为两类，一类是同一维度下测度指标之间的关联，另一类是由于维度关联所诱发的不同纬度下测度指标之间的关联。值得注意的是，任意两个测度维度之间的关联以及任意两个测度指标之间的关联并非双向对等。例如，产品销售收入是研发投入的主要来源之一，而研发投入强度的提升将极大地带动产品销售收入的增长，即两个测度指标之间的关联并不是双向对等的关系。此外，由于关联具有传导效应，需要综合分析直接关联与传导效应诱发的间接关联叠加所产生的双重影响。

3.4 基于DEMATEL-VIKOR的知识产权能力指数模型研究

针对高新技术企业知识产权能力测度问题的特点，给出一种基于DEMA-

TEL-VIKOR 的指数模型。首先给出相关的符号定义，然后给出该模型的测算流程与具体步骤。

本小节采用如下符号来描述高新技术企业知识产权能力测度问题所涉及的集合和量。

$U = \{U_1, U_2, \cdots, U_m\}$：高新技术企业集合，其中，$U_k$ 表示第 k 家参与知识产权能力测度的高新技术企业，$k = 1, 2, \cdots, m$（$m \geq 2$）。

$C = \{C_1^1, C_2^1, \cdots, C_{n_l}^l\}$：知识产权能力测度指标集合，其中，$C_i^a$ 表示第 a 个维度下第 i 个测度指标，$i = 1, 2, \cdots, n_a$；$a = 1, 2, \cdots, l$。不失一般性，对各个维度下测度指标的个数不做硬性要求，即 n_a 与 n_b 可以相同也可以不同，$a, b = 1, 2, \cdots, l$。

$R^a = [r_{ij}^a]_{n_a \times n_a}$：同一维度下测度指标关联矩阵，其中，$r_{ij}^a$ 表示第 a 个维度下测度指标 C_i^a 和 C_j^a 之间的关联程度，$i, j = 1, 2, \cdots, n_a$；$a = 1, 2, \cdots, l$。测度指标的关联程度分为5个等级："无关联""低""中""高""非常高"，对应取值范围为$\{0, 1, 2, 3, 4\}$，由专家群体会商后确定。这里不考虑测度指标自身的关联，记 $r_{ii}^a = ' - '$，$i = 1, 2, \cdots, n_a$；$a = 1, 2, \cdots, l$。

$R^{ab} = [r_{ip}^{ab}]_{n_a \times n_b}$：不同维度下测度指标关联矩阵，其中，$r_{ip}^{ab}$ 表示第 a 个维度下测度指标 C_i^a 和第 b 个维度下测度指标 C_p^b 之间的关联程度，$i = 1, 2, \cdots, n_a$；$p = 1, 2, \cdots, n_b$；$a, b = 1, 2, \cdots, l$（$a \neq b$）。测度指标的关联程度分为5个等级："无关联""低""中""高""非常高"，对应取值范围为$\{0, 1, 2, 3, 4\}$，由专家群体会商后确定。

$X = [x_{ki}^a]_{m \times n}$：知识产权能力测度矩阵，其中，$x_{ki}^a$ 表示高技术企业 U_k 在知识产权能力测度指标 C_i^a 的表现，$k = 1, 2, \cdots, m$；$i = 1, 2, \cdots, n_a$；$a = 1, 2, \cdots, l$；$n = \sum_{a=1}^{l} n_a$。

基于以上论述，本章要解决的问题是根据已知的同一维度下测度指标关联矩阵 R^a、不同维度下测度指标关联矩阵 R^{ab} 以及知识产权能力测度矩阵 X，如何设计指数模型来测度高技术企业 U_1、U_2、K 和 U_m 的知识产权能力指数及各个维度指数，进而以此为依据开展各企业知识产权能力的多视角比对分析。

1）指数模型的测算步骤

结合高新技术企业知识产权能力测度问题的特点，设计了基于DEMATEL-VIKOR的知识产权能力指数模型，并通过以下三个阶段完成指数测算。

（1）阶段一：测度指标的关联分析。

该阶段主要借鉴DEMATEL法（decision making and trial evaluation laboratory，全称为决策试验与评价实验室）（Fontela and Gabus，1976；Gabus and Fontela，1973；Gabus and Fontela，1972）的思想来分析测度指标之间存在的关联，进而根据关联分析结果来分别确定测度指标的维度内权重和全局权重。同时，利用DEMATEL法还可以实现测度指标重要性和归类的可视化，从而为制定知识产权能力提升策略提供重要的决策依据。具体的测算过程描述如下。

首先，利用已知的同一维度下测度指标关联矩阵 R^a 和不同维度下测度指标关联矩阵 R^{ab} 构造知识产权能力测度指标的初始关联矩阵 $R = [r_{ef}]_{n \times n}$，其中，$r_{ef}$ 可通过如下公式获取。

$$r_{ef} = \begin{cases} r_{ij}^a & (e, f \in \Omega) \\ r_{ip}^{ab} & (e \in \Omega_1, f \in \Omega_2 \text{或} e \in \Omega_2, f \in \Omega_1) \end{cases} \quad (3.1)$$

其中，$\Omega_1 = \{n_{a-1} + 1, n_{a-1} + 2, \cdots, n_{a-1} + n_a\}$，$a = 1, 2, \cdots, l$，$n_0 = 0$；$\Omega_2 = \{n_a + 1, n_a + 2, \cdots, n_a + n_{a+1}\}$，$a = 1, 2, \cdots, l - 1$。

其次，对矩阵 R 进行规范化处理，构建知识产权能力测度指标的规范化关联矩阵 $\bar{R} = [\bar{r}_{ef}]_{n \times n}$，其中，$\bar{r}_{ef}$ 的计算公式为

$$\bar{r}_{ef} = \frac{r_{ef}}{\max\limits_{1 \leq f \leq n} \left\{ \sum_{e=1}^{n} r_{ef} \right\}}, \quad (e, f = 1, 2, \cdots, n) \quad (3.2)$$

这里，$0 < \bar{r}_{ef} < 1$。由马尔可夫矩阵吸收性可知矩阵 $\bar{R}$ 满足如下性质（Fontela and Gabus，1976；Gabus and Fontela，1973；Gabus and Fontela，1972）：

① $\lim_{\tau \to \infty} \bar{R}^{\tau} = 0$;② $\lim_{\tau \to \infty}(I + \bar{R} + \bar{R}^2 + \cdots + \bar{R}^{\tau}) = (I - \bar{R})^{-1}$,其中,0为零矩阵,$I$为恒等矩阵。

相应地,结合上述性质以及测度指标关联的传导效应,构建知识产权能力测度指标的综合关联矩阵 $T = [t_{ef}]_{n \times n}$, $e, f = 1, 2, \cdots, n$,其计算公式为

$$T = \lim_{\tau \to \infty}(\bar{R} + \bar{R}^2 + \cdots + \bar{R}^{\tau}) = \bar{R}(I - \bar{R})^{-1} \quad (3.3)$$

然后,基于矩阵 T 确定各测度指标的中心度 ρ_e 和关系度 γ_e,其计算公式分别为

$$\rho_e = \sum_{e=1}^{n} t_{ef} + \sum_{e=1}^{n} t_{fe} \quad (e = 1, 2, \cdots, n) \quad (3.4)$$

$$\gamma_e = \sum_{e=1}^{n} t_{ef} - \sum_{e=1}^{n} t_{fe} \quad (e = 1, 2, \cdots, n) \quad (3.5)$$

这里,中心度 ρ_e 表明该测度指标在整个指标集合中所起作用的大小,关系度 γ_e 表明该测度指标的归类。若 $\gamma_e > 0$,则表明该测度指标通过关联作用影响其他测度指标,为原因型指标;若 $\gamma_e < 0$,则表明该测度指标受其他测度指标的影响,为结果型指标。

进一步地,以 ρ 为横轴、γ 为纵轴构建知识产权能力测度指标的因果关系图。高新技术企业决策者可以根据可视化的因果关系图直观地判定测度指标的重要性排序和归类,进而制定针对性的知识产权能力提升策略。一方面,中心度值较高的测度指标是知识产权能力提升的关键所在,需要重点关注并促进其核心主导作用的发挥。另一方面,对于原因型指标,由于其比较活跃、容易影响其他测度指标且可控性较低,应该对其加以动态监测;而对于结果型指标,虽然其更为敏感、容易受到其他测度指标的影响,但具有较强的可控性,可通过制定适用的改进措施来有效提升其表现。

在此基础上,根据中心度表征可知其能够反映出测度指标的重要性,进而以此为据分别确定测度指标的维度内权重 w_i^d 和全局权重 w_e,其计算公式分别为

第3章 高新技术企业知识产权能力构成与测度研究

$$w_i^a = \frac{\rho_i}{\sum_{i=1}^{n_a}\rho_i} \quad (i=1,2,\cdots,n_a;\ a=1,2,\cdots,l) \tag{3.6}$$

$$w_e = \frac{\rho_e}{\sum_{e=1}^{n}\rho_e} \quad (e=1,2,\cdots,n) \tag{3.7}$$

2) 阶段二：测度指标的数据规范化

在对测度指标的数据进行规范化之前，首要解决的是定性指标的量化问题。对于文中以是否形式刻画的定性指标，这里将其转化为0-1信息。具体地，否对应0，是对应1。其次需要解决的是量化处理后测度指标的量纲消除问题。这里将结合测度指标的成本效益类型，利用1-范数概念来进行测度指标值的规范化处理。成本型测度指标的指标值越小越好，将Ω_c记为其指标的下标集合；效益型测度指标的指标值越大越好，将Ω_b记为其指标的下标集合，且满足$\Omega_b \cup \Omega_c = \{1,2,\cdots,n\}$，$\Omega_b \cap \Omega_c = \emptyset$。

首先，确定各测度指标最理想的指标值（即正理想点）和最不理想的指标值（即负理想点）。记测度指标的正理想向量$\boldsymbol{x}^+ = (x_1^{1+}, x_2^{1+}, \cdots, x_{n_l}^{l+})$，其中，$x_i^{a+}$为测度指标$C_i^a$的正理想点，$i=1,2,\cdots,n_a$；$a=1,2,\cdots,l$，其计算公式为

$$x_i^{a+} = \begin{cases} \max\limits_{1 \leq k \leq m} \{x_{ki}^a\} & (i \in \Omega_b) \\ \min\limits_{1 \leq k \leq m} \{x_{ki}^a\} & (i \in \Omega_c) \end{cases} \tag{3.8}$$

类似地，记测度指标的负理想向量$\boldsymbol{x}^- = (x_1^{1-}, x_2^{1-}, \cdots, x_{n_l}^{l-})$，其中，$x_i^{a-}$为测度指标$C_i^a$的负理想点，$i=1,2,\cdots,n_a$；$a=1,2,\cdots,l$，其计算公式为

$$x_i^{a-} = \begin{cases} \min\limits_{1 \leq k \leq m} \{x_{ki}^a\} & (i \in \Omega_b) \\ \max\limits_{1 \leq k \leq m} \{x_{ki}^a\} & (i \in \Omega_c) \end{cases} \tag{3.9}$$

然后，基于1-范数概念构建知识产权能力测度的规范化矩阵$\bar{X} = [\bar{x}_{ki}^a]_{m \times n}$，其中，$\bar{x}_{ki}^a$的计算公式为

$$\bar{x}_{ki}^a = \frac{|x_i^{a+} - x_{ki}^a|}{|x_i^{a+} - x_i^{a-}|} \quad (k=1,2,\cdots,m; i=1,2,\cdots,n_a; a=1,2,\cdots,l) \tag{3.10}$$

3) 阶段三：知识产权能力指数与维度指数的测算

该阶段引入 VIKOR 法（VlseKritcrijumska Optimizacija I Kompromisno Resenje，全称多目标妥协优化解。）（Opricovic，1998）分别测算高新技术企业的知识产权能力指数和维度指数，该方法能够融入专家的主观偏好并兼顾群体效用的最大化和个体遗憾的最小化，从而保证得到的测算结果更贴近实际。具体计算步骤描述如下。

首先，基于 VIKOR 法的思想分别定义高新技术企业 U_k 的全局群效用值 s_k 和全局个体遗憾值 h_k，其计算公式分别为

$$s_k = \sum_{a=1}^{l} \sum_{e,i=1}^{n_a} w_e \bar{x}_{ki}^a \quad (k = 1, 2, \cdots, m) \tag{3.11}$$

$$h_k = \max_{1 \leqslant e, i \leqslant n_a, 1 \leqslant a \leqslant l} \{w_e \bar{x}_{ki}^a\} \quad (k = 1, 2, \cdots, m) \tag{3.12}$$

类似地，分别定义高新技术企业 U_k 的维度群效用值 s_k^a 和维度个体遗憾值 h_k^a，其计算公式为

$$s_k^a = \sum_{i=1}^{n_a} w_i^a \bar{x}_{ki}^a \quad (k = 1, 2, \cdots, m; \quad a = 1, 2, \cdots, l) \tag{3.13}$$

$$h_k^a = \max_{1 \leqslant i \leqslant n_a} \{w_i^a \bar{x}_{ki}^a\} \quad (k = 1, 2, \cdots, m; \quad a = 1, 2, \cdots, l) \tag{3.14}$$

然后，分别确定高新技术企业 U_k 的知识产权能力指数 v_k 和维度指数 v_k^a，其计算公式为

$$v_k = \frac{\varepsilon(s_k - s^+)}{s^- - s^+} + \frac{(1-\varepsilon)(h_k - h^+)}{h^- - h^+} \quad (k = 1, 2, \cdots, m) \tag{3.15}$$

$$v_k^a = \frac{\varepsilon(s_k^a - s^{a+})}{s^{a-} - s^{a+}} + \frac{(1-\varepsilon)(h_k^a - h^{a+})}{h^{a-} - h^{a+}} \quad (k = 1, 2, \cdots, m; \quad a = 1, 2, \cdots, l) \tag{3.16}$$

其中，$s^+ = \min_{1 \leqslant k \leqslant m}\{s_k\}$，$s^- = \max_{1 \leqslant k \leqslant m}\{s_k\}$，$h^+ = \min_{1 \leqslant k \leqslant m}\{h_k\}$，$h^- = \max_{1 \leqslant k \leqslant m}\{h_k\}$，$s^{a+} = \min_{1 \leqslant k \leqslant m}\{s_k^a\}$，$s^{a-} = \max_{1 \leqslant k \leqslant m}\{s_k^a\}$，$h^{a+} = \min_{1 \leqslant k \leqslant m}\{h_k^a\}$，$h^{a-} = \max_{1 \leqslant k \leqslant m}\{h_k^a\}$，$\varepsilon$ 为决策机制系数，$\varepsilon \in [0,1]$。$\varepsilon > 0.5$ 表示根据最大化群效用的决策机制进行决策；$\varepsilon < 0.5$ 表示根据最小化个体遗憾的决策机制进行决策；$\varepsilon = 0.5$ 则表示根据专家经协商达成共识的决策机制进行决策。不失一般性，这里假设

$s^- - s^+$、$h^- - h^+$、$s^{a-} - s^{a+}$ 和 $h^{a-} - h^{a+}$ 均不为 0。

最后，按照知识产权能力指数 v_k 从小到大的顺序对所有参评的高新技术企业进行综合排序，旨在帮助企业明晰自身知识产权能力的行业水平，并根据维度指数 v_k^a 衡量自身在知识产权能力建设方面的优势与短板所在。

3.5 实证研究

下面将通过实证研究来验证所给知识产权能力指数模型的可行性和有效性，并对测算结果进行多视角比对分析。

3.5.1 实证对象与数据来源

2016年，国家知识产权局组织了国家知识产权优势企业和知识产权示范企业的知识产权信息采集工作，采集年份为2013年、2014年和2015年，采集对象为来自22个省份、4个自治区和4个直辖市（不含台湾省、西藏自治区以及香港、澳门特别行政区）的1676家企业。通过对所采集的信息进行完整性与有效性筛查，从中遴选出615家企业作为样本进行实证研究。具体的样本信息分为两个部分，第一部分为企业基本表征信息，涉及企业类型（知识产权优势企业、知识产权示范企业）、地域分布（省份、自治区、直辖市）、所属行业代码（A、B、C、D、E）❶、企业规模（大型企业、中型企业、小型企业）、企业登记注册类型（内资企业、港澳台商投资企业、外商投资企业）、上市信息（未上市、准备上市、国内上市、海外上市）等信息；第二部分为企业知识产权信息，从筛查后的信息中提取出与表3.1相关的知识产权能力测度信息。

---

❶注：A:油气煤等矿物采选、运输、供应；电力、热力、水生产供应；水、气污染等环境治理（专用设备制造除外）；B:金属冶炼、化学制品、建筑材料、食品纺织、生物医药、金属玻璃塑料等加工相关（专用设备制造除外）；C:车辆船舶、交通设备、航空航天、专用设备制造等相关（包括医疗设备）；D:电子、电气、通信、半导体、家用电器等软硬件产品相关；E:其他。

3.5.2 指数模型测算过程与结果

样本企业知识产权能力指数模型的主要测算过程如下：首先，邀请相关专家对表3.1中所列25项测度指标之间的关联进行判定，达成共识后利用式（3.1）~式（3.5）进行测度指标的关联分析，并利用式（3.6）和式（3.7）分别确定各指标的维度内权重和全局权重；然后，利用式（3.8）~式（3.10）对样本企业的知识产权能力测度信息进行规范化处理；在此基础上，利用式（3.11）~式（3.16）分别测算样本企业的知识产权能力指数和维度指数。

按照上述测算过程，得到样本企业知识产权能力测度指标的关联分析结果（见表3.2所示），并以此为据绘制出图3.3所示的知识产权能力测度指标因果关系图。

表3.2 样本企业知识产权能力测度指标的关联分析结果

测度指标	原因度	结果度	维度内权重	全局权重	测度指标	原因度	结果度	维度内权重	全局权重
C_1^1	3.82	1.15	0.3237	0.0437	C_5^3	3.98	0.24	0.1490	0.0456
C_2^1	3.78	1.72	0.3204	0.0433	C_6^3	4.09	0.55	0.1532	0.0469
C_3^1	4.20	1.06	0.3559	0.0481	C_7^3	3.12	-0.26	0.1169	0.0357
C_1^2	4.12	0.70	0.2049	0.0473	C_1^4	3.33	-0.64	0.2274	0.0382
C_2^2	3.33	0.32	0.1655	0.0382	C_2^4	2.92	-0.81	0.1992	0.0334
C_3^2	3.46	0.23	0.1721	0.0397	C_3^4	2.71	-0.95	0.1850	0.0311
C_4^2	3.52	0.18	0.1752	0.0404	C_4^4	2.80	-0.86	0.1914	0.0321
C_5^2	3.19	-0.04	0.1585	0.0365	C_5^4	2.89	-1.03	0.1971	0.0331
C_6^2	2.49	-0.80	0.1239	0.0286	C_1^5	3.58	-0.43	0.2556	0.041
C_1^3	3.95	0.15	0.1478	0.0452	C_2^5	2.87	-1.08	0.2047	0.0329
C_2^3	3.94	0.48	0.1478	0.0452	C_3^5	4.02	-0.18	0.2870	0.0461

续表

测度指标	原因度	结果度	维度内权重	全局权重	测度指标	原因度	结果度	维度内权重	全局权重
C_3^3	3.78	0.04	0.1418	0.0434	C_4^5	3.54	−0.08	0.2527	0.0406
C_4^3	3.83	0.34	0.1435	0.0439					

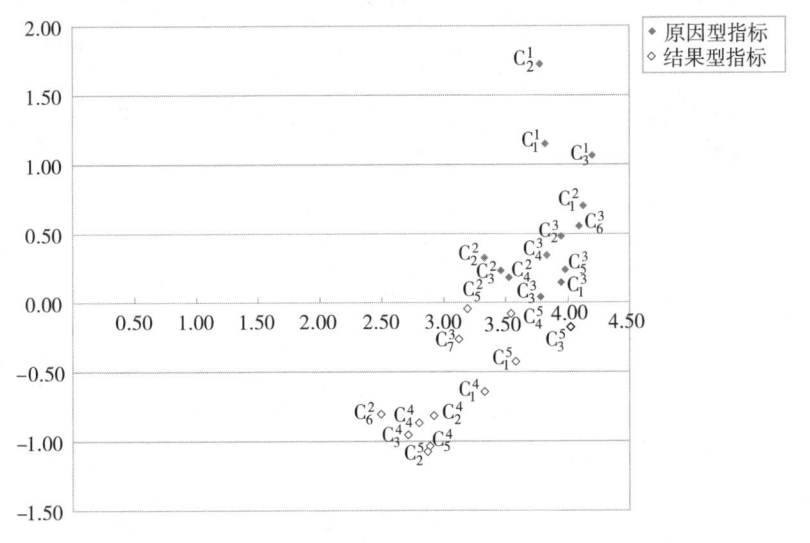

图3.3 样本企业知识产权能力测度指标的因果关系图

从关联分析结果可以看出，中心度值排名前五位的测度指标有：技术创新重要成果（C_3^1）、知识产权年度投入（C_1^2）、专利信息运用能力（C_6^3）、知识产权服务支撑能力（C_3^3）和知识产权转让、许可收益（C_3^5）。其中，测度指标 C_3^1、C_1^2、C_6^3 和 C_3^3 为原因型指标，测度指标 C_3^5 为结果型指标。由此可知，企业在强化知识产权能力建设时，需要格外关注上述5个方面的表现，并以知识产权服务支撑能力的提升为重要突破口，通过体制机制创新、服务体系优化等一系列的专业化服务提升计划来引领企业知识产权能力综合水平的提高。

此外，由于篇幅有限，这里仅罗列出共识决策机制下（即 $\varepsilon = 0.5$）2015年综合排序前十位企业知识产权能力指数和各维度指数的测度结果，如表3.3所示。

表3.3　共识决策机制下2015年综合排序前十位企业的测度结果

排序	企业名称	知识产权能力指数	基础创新能力指数	知识产权创造能力指数	知识产权运用能力指数	知识产权保护能力指数	知识产权管理能力指数
1	中兴通讯股份有限公司	0.1019	0.1814	0.0346	0.1594	0.1547	0.0972
2	中国石油天然气集团公司	0.1647	0.3677	0.3961	0.2189	0.2238	0.1836
3	中国航天科技集团公司	0.2033	0.5854	0.2866	0.2266	0.2274	0.3296
4	国家电网公司	0.2610	0.4113	0.1373	0.3769	0.2245	0.4077
5	珠海格力电器股份有限公司	0.2656	0.5945	0.3066	0.3134	0.2231	0.3509
6	中国航天科工集团公司	0.2841	0.5466	0.2995	0.3845	0.2252	0.3125
7	联想（北京）有限公司	0.2944	0.6001	0.2809	0.3517	0.2137	0.4522
8	中国船舶重工业集团公司	0.2951	0.5923	0.3561	0.3986	0.2260	0.3480
9	北京电子控股有限责任公司	0.3002	0.5978	0.2691	0.3682	0.2274	0.1852
10	中国机械工业集团	0.3012	0.4685	0.4257	0.3794	0.2267	0.2227

从表3.3可以看出各个企业知识产权能力在整个行业的综合水平以及优势和短板。以中国石油天然气集团公司为例，其综合排序为第二位，但其知识产权创造能力指数明显高于表中大多数企业（表中该维度排序第九位），为其知识产权能力建设的短板，亟待通过改进措施来提升该方面的能力；而北京电子控股有限责任公司虽然综合排序为第九位，但其知识产权管理能力指数明显低于表中大多数企业（表中该维度排序第三位），为其知识产权能力建设的优势，可以通过优势的巩固与强化来引领其他方面能力的提升。

3.5.3　多视角比对分析

下面将分别从时间尺度和决策机制两个视角进行样本企业知识产权能力测算结果的比对分析。

（1）跨年度比对分析。

以共识决策机制下（即$\varepsilon=0.5$）样本企业知识产权能力指数的测算结果为数据基础，对2013年、2014年和2015年综合排序前十位企业（见表3.4）的基本表征进行综合比对分析。经比对分析后发现，2013年和2014年的入围企业保持一致，但排序略有变化，2015年出现了2家新入围的企业。上述企业的共性表征为：第一，企业类型均为知识产权示范企业；第二，所属行业代码均涉及了A、C、D和E代码且各代码的个数相同；第三，企业规模均为大型企业。而这些企业的差异表征为：第一，地域分布略有差异，2015年综合排序前十位的企业主要集中在北京和广东，而2013年和2014年除了北京和广东外还有1家湖南企业入围；第二，企业登记注册类型均仅涉及内资企业和港澳台商投资企业，但数量略有不同；第三，上市信息均仅涉及未上市、国内上市和海外上市三种类型，但数量略有不同。

表3.4 共识决策机制下各年度综合排序前十位的企业名单

排序	2013年综合排序前十位企业	2014年综合排序前十位企业	2015年综合排序前十位企业
1	中兴通讯股份有限公司	中兴通讯股份有限公司	中兴通讯股份有限公司
2	中国航天科技集团公司	中国航天科技集团公司	中国石油天然气集团公司
3	联想（北京）有限公司	国家电网公司	中国航天科技集团公司
4	中国石油天然气集团公司	联想（北京）有限公司	国家电网公司
5	腾讯科技（深圳）有限公司	中国石油天然气集团公司	珠海格力电器股份有限公司
6	东风汽车公司	腾讯科技（深圳）有限公司	中国航天科工集团公司
7	国家电网公司	珠海格力电器股份有限公司	联想（北京）有限公司
8	中国航天科工集团公司	东风汽车公司	中国船舶重工业集团公司
9	珠海格力电器股份有限公司	中国机械工业集团	北京电子控股有限责任公司
10	中国机械工业集团	中国航天科工集团公司	中国机械工业集团

（2）不同决策机制下的比对分析。

以2015年样本企业知识产权能力指数的测算结果为数据基础，对不同决策机制下综合排序前十位企业（见表3.5）的基本表征进行综合比对分析。经分析后发现，不同决策机制下入围企业的名称及排序存在较明显的变化。而随着决策机制系数的增大，除企业规模仍以大型企业为主外，入围企业的企业类型不再单一,而且地域分布、所属行业代码、企业登记注册类型以及上市信息的覆盖程度更为广泛。

表3.5 不同决策机制下2015年综合排序前十位的企业名单

排序	最小化个体遗憾决策机制 ($\varepsilon=0$)	共识决策机制 ($\varepsilon=0.5$)	最大化群效用决策机制 ($\varepsilon=1$)
1	中国航天科技集团公司	中兴通讯股份有限公司	华为技术有限公司
2	国家电网公司	中国石油天然气集团公司	哈尔滨飞机工业集团有限责任公司
3	中兴通讯股份有限公司	中国航天科技集团公司	江苏奥赛康药业股份有限公司
4	中国移动通信集团公司	国家电网公司	珠海格力电器股份有限公司
5	珠海格力电器股份有限公司	珠海格力电器股份有限公司	上海微创医疗器械(集团)有限公司
6	联想(北京)有限公司	中国航天科工集团公司	中国船舶重工业集团公司
7	中国航天科工集团公司	联想(北京)有限公司	北京电子控股有限责任公司
8	东风汽车公司	中国船舶重工业集团公司	中国航天科工集团公司
9	北汽福田汽车股份有限公司	北京电子控股有限责任公司	长飞光纤光缆有限公司
10	TCL集团股份有限公司	中国机械工业集团	中国机械工业集团

3.6 本章小结

本章首先界定了高新技术企业知识产权能力的内涵,并分析了其构成要素;然后,依托所选取的知识产权能力测度指标构建了具有网络层级结构的指标体系;在此基础上,给出了基于DEMATEL-VIKOR的知识产权能力指数模型来实现企业决策者对自身知识产权能力真实水平、优势、短板以及与同行差距的科学研判;最后,以2013~2015年615家样本企业的知识产权采集信息为基础进行实证研究,验证了所给模型的可行性与有效性,并对测度结果进行了多视角比对分析。

本章所开展研究工作的贡献主要表现在以下三个方面。

第一,丰富了知识产权能力的内涵。结合高新技术企业投入高、风险高和收益高的典型特征及其对知识产权能力的更高要求，重新界定了该类企业的知识产权能力内涵，提出了"基础创新能力—知识产权创造能力—知识产权运用能力—知识产权保护能力—知识产权管理能力"的知识产权能力五维构成要素，并对各构成要素的定义、功能及相互关系进行了详细解读。

第二，构建了具有网络层级结构的知识产权能力测度的指标体系。结合高新技术企业的典型特征及其知识产权能力测度的定性定量相结合性以及总量指标和相对指标的兼顾性，以指标可描述、数据可获取、过程可追溯和结果可比对为原则选取了知识产权能力测度指标，并结合测度指标关联的非双向对等性进行了关联网络化处理。

第三，提出了基于DEMATEL-VIKOR的知识产权能力指数模型。该模型具有求解流程逻辑清晰、实用性强等特点，不仅能够实现测度指标重要性与归类的可视化，为制定知识产权能力提升策略提供必要的决策支持，还融入了专家的主观偏好并兼顾了群体效用的最大化和个体遗憾的最小化，从而保证得到的知识产权能力测算结果更贴近实际。

第4章　基于PDCA循环理论的高新技术企业知识产权管理体系构建

本章是在第2章理论研究和第3章实证研究的基础上，围绕高新技术企业知识产权能力提升的目标，建立基于PDCA循环理论的高新技术企业知识产权管理体系，并提出了知识产权管理体系具体构建理论模型、方法和路径，为防控风险、实现知识产权管理体系成熟度评价以及管理系统持续改进奠定理论框架基础。

4.1 PDCA循环理论

4.1.1 相关定义

PDCA循环理论是质量管理的基本方法，也是企业管理各项工作的一般规律（万融，2010）。该理论的研究起源于20世纪20年代，美国"统计质量控制之父"休沃特·阿曼德·休哈特首先提出了"PDCA循环"的雏形："策划—执行—检查（Plan-Do-See）"。后经世界著名的质量管理专家爱德华兹·戴明博士采纳、完善、推广实践和宣传普及，围绕质量持续改进的目标，发展成为"策划、执行、检查、处理（Plan-Do-Check/Study-Act）"这样的模型，并逐渐在全球企业管理各项工作中引起巨大影响。因此，PDCA循环理论又称戴明循环或戴明环。PDCA是Plan（策划）、Do（执行）、Check（检查）和Action（行动）四个单词第一个字母的组合，从此PDCA循环理论在企业管理活动中，尤其是质量管理工作中得到了广泛的应用。PDCA戴明循环示意图如下图4.1所示。

第4章 基于PDCA循环理论的高新技术企业知识产权管理体系构建

按照中华人民共和国国家质量监督检验检疫总局、中国国家标准化管理委员会2016年发布的最新的质量管理体系标准《质量管理体系要求》(GB/T 19001—2016)中的释义，P、D、C、A四个英文字母所代表的具体含义如下：

(1) P (Plan)——策划，根据顾客的要求和组织的方针，建立体系的目标及其过程，确定实现结果所需的资源，并识别和应对风险和机遇；

(2) D (Do)——实施，执行所做的策划；

(3) C (Check)——检查，依据组织方针、体系目标、顾客要求以及所策划的活动，对过程以及形成的产品和服务进行监测，并报告检查结果；

(4) A (Act)——处置，必要时，采取措施提高绩效。

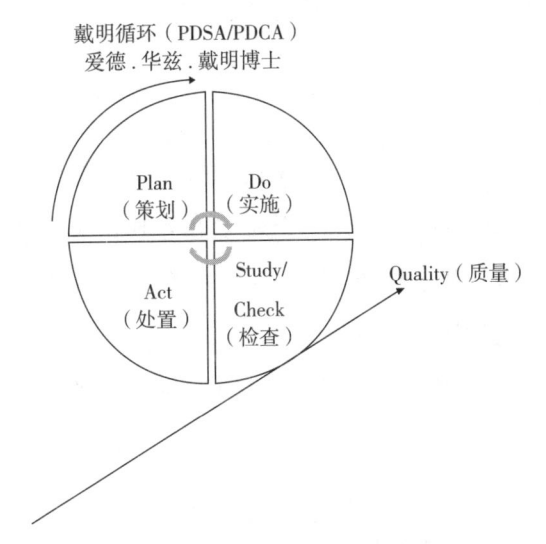

图4.1 PDCA戴明循环示意图

图片来源：参考文献（万融，2010）

PDCA循环理论作为当代管理学中十分重要的理论方法，具有非常广阔的应用场景，其已经在质量管理活动中做出了优异的表现，不仅达到了提高产品和过程质量的效果，同时也极大地提高了我们的日常工作效率。事实证明，PDCA循环理论的推广应用已经不再局限于企业的质量管理工作，同样也适用其他管理，并且同样可以在质量管理活动以外推广应用，能在提升管理效率和工作质量中发挥重要作用。例如：ISO14001环境管理体系和ISO18001职业健康安全体系作为企业全面管理的重要组成部分，均遵循相同的管理模式（即戴明模式），通过PDCA模式实现可持续改进。鉴于其具有极强的应用价值，近年来在我国企业中得到了迅速的推广和应用。TBEA集团在开展国家特高压输变电新产品开发、"一带一路"海外工程建设等领域均实践采用PDCA循环理论方法，取得了行业瞩目的业绩。格力集团充分利用PDCA管理法来实施销售任务的策划、组织和控制。海尔集团运用PDCA与日常事务处理相结合，构建了OEC日清体系。在高铁建设勘察设计中，中铁第五勘察设计院通过实施PDCA循环管理，初测、可研、设计等工作阶段实现协同无缝衔接，连续创下了高铁项目高质、高效和高速推进的记录。

4.1.2 主要内容

PDCA循环理论在质量管理活动中的内容主要包括"四阶八步"。其中，"四阶"是指PDCA四个阶段：策划、实施、检查和处理。"八步"是指实现这四个阶段所必须经历的八个步骤，八个步骤是这四个阶段的具体细化。

（1）第一阶段：策划（P）阶段。

策划是质量管理的首要阶段。该阶段重点是确定质量目标、方针和行动措施。

该阶段需经历以下四个步骤：

第一步，分析现状，查找具体质量问题；

第二步，分析质量问题产生的原因和影响因素；

第三步，找出主要的影响因素；

第四步，制定改善措施和行动策划。

（2）第二阶段：实施（D）阶段。

第五步，执行策划或措施。

（3）第三阶段：检查（C）阶段。

第六步，检查策划的执行情况和具体效果。通过各类检查方式，将具体效果与预期目标对比,认真检查策划的执行效果。

(4)第四阶段:处理(A)阶段。

该阶段包括两个步骤。

第七步,总结经验。针对正确部分及时开展标准化工作,不足部分记录处理。

第八步,提炼出尚需解决的问题。通过总结,对还没有得到解决的质量问题,不要回避,应本着实事求是的精神,对效果还不显著或效果未达标的一些措施,把其列为遗留问题,反映到下一个PDCA循环中去。

处理阶段是PDCA循环承上启下的一环。在这一阶段,有效解决问题的举措,通过指标标准的管理制度进行固化,针对没有解决的问题和失效的举措,就作为下阶段PDCA循环中要重点攻关的难题,使系统不断的循环转动向前。

PDCA循环理论的"四阶八步"具体如图4.2所示。

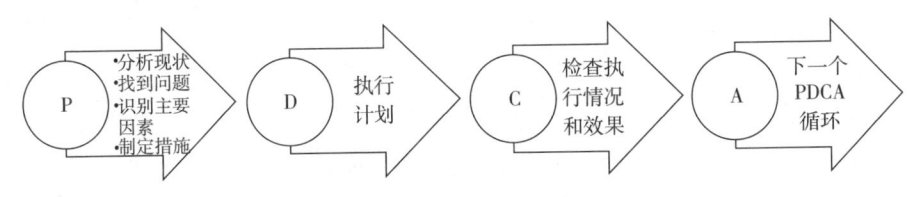

图4.2 PDCA循环理论内容示意图

4.1.3 典型特点

PDCA循环理论在发展过程中得到不断的完善,并逐渐形成了"螺旋上升,周而复始""大环带小环,相互推进"和"综合运用工具方法"三个特点。

(1)典型特点一:螺旋上升,周而复始。

PDCA循环是一个动态循环的过程,有规律的循环活动始终在运转,问题一旦解决,系统就循环一次,代表工作水平跃进到下一高度,组织同时进入下一个循环平台和循环周期。工作又有了新的目标和内容,周而复始,组织只要有改进和上升的空间,循环便没有终点。因此,PDCA循环始终处于螺旋上升、周而复始的状态，使组织实现"百尺竿头、更进一步"的目标，如图4.3所示。

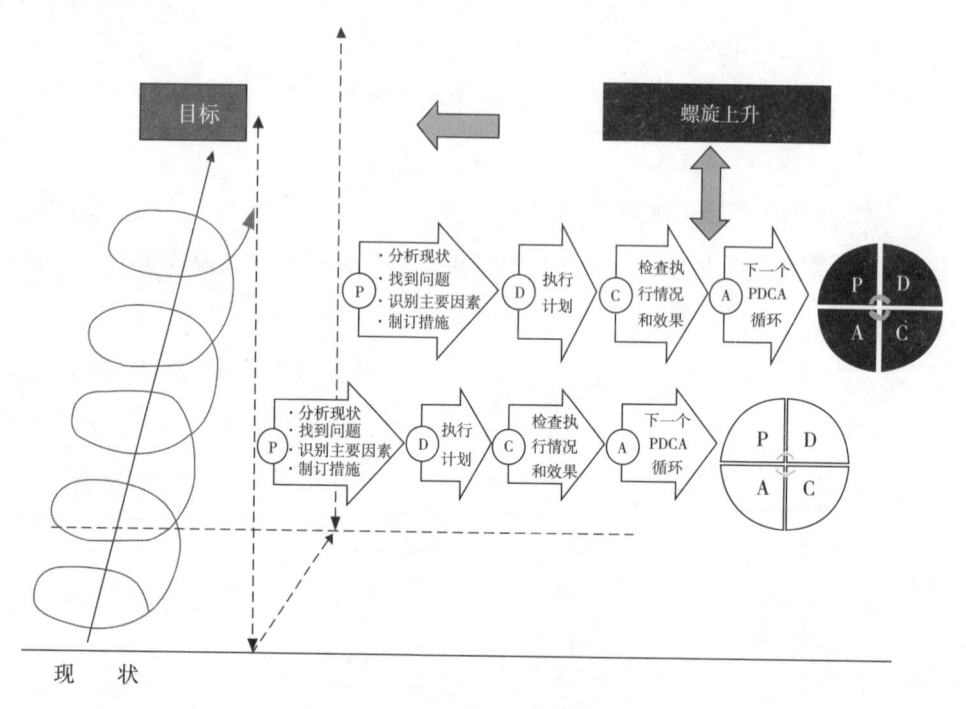

图4.3 PDCA循环理论典型特点之一

（2）典型特点二：大循环带小循环，相互推进。

PDCA循环存在于组织的各个层级和各类活动中，整个企业的工作系统可以视为一个大的PDCA循环，企业组织内部各单元（车间、班组、个人等）自建各自小的PDCA循环，大循环带动小循环，相互推动，有机地构成一个逻辑组合体和持续转动的体系，如图4.4所示。

（3）典型特征三：综合运用工具方法。

PDCA循环理论在发展过程中，广泛应用了大量的科学管理方法和统计工具，例如直方图、因果图、控制图、排列图，以及分层法和统计分析分析表等。这些工具和方法的应用，使PDCA循环理论简洁明了，具有非常广阔的应用场景和推广空间。结合PDCA循环理论的具体内容，在"四阶八步"中主要适用如下工具和方法，具体如表4.1所示。

第4章 基于PDCA循环理论的高新技术企业知识产权管理体系构建

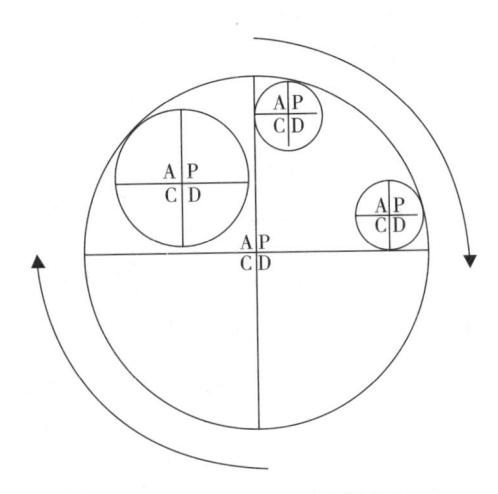

图4.4 PDCA循环理论典型特征二

图片来源：参考文献（万融，2010）

表4.1 PDCA循环理论常用处理工具和方法

"四阶"	"八步"	主要适用方法或工具
第一阶段：策划（P）阶段	第一步：分析现状，找出问题	排列图、直方图、控制图
	第二步：分析各种影响因素或原因	因果图
	第三步：找出主要影响因素	排列图、相关图
	第四步：针对主要原因，制订措施策划	"5W1H"
第二阶段：实施（D）阶段	第五步：执行、实施策划	
第三阶段：检查（C）阶段	第六步：检查策划执行效果	排列图、直方图、控制图
第四阶段：处理（A）阶段	第七步：总结经验，制订标准	标准制定法
	第八步：把未解决或新出现的问题转入下一个PDCA循环	下一个PDCA循环

4.2 PDCA循环理论在企业管理体系构建中的应用

近年来，伴随着对PDCA循环理论的深入研究，该理论在管理学中得到了广泛的应用，已经成为管理学中的一个典型的模型。尤其是在企业日常管理中的推广应用，取得了很好的效果。在现代企业管理中，以多数企业正在开展的QES三体系构建工作为例，企业不仅建立了自己的管理体系，并通过了第三方认证机构的审核和认证。以质量、环境和职业健康安全管理体系为代表的标准管理体系一并被称为"后工业化时代的科学管理方法"。在企业实际经营管理活动中，QES三体系都是采用相同的管理模式，原理都遵行PDCA循环理论。三个体系的管理原理相同，模式相似，管理思路一致，都坚持持续改进。体系运行的具体方式上，三个管理体系都按照戴明模式PDCA循环来实现管理体系的持续改进，如图4.5~图4.7所示。

在企业"三体系"构建过程中，管理者遵循P-D-C-A循环，周而复始，持续改进，不断解决企业发展中的疑难问题，可以有效提升管理者和员工工作中的自觉性，使各项管理活动更加严谨，形成闭环，通过不断优化提升，实现了企业管理水平的持续提高。

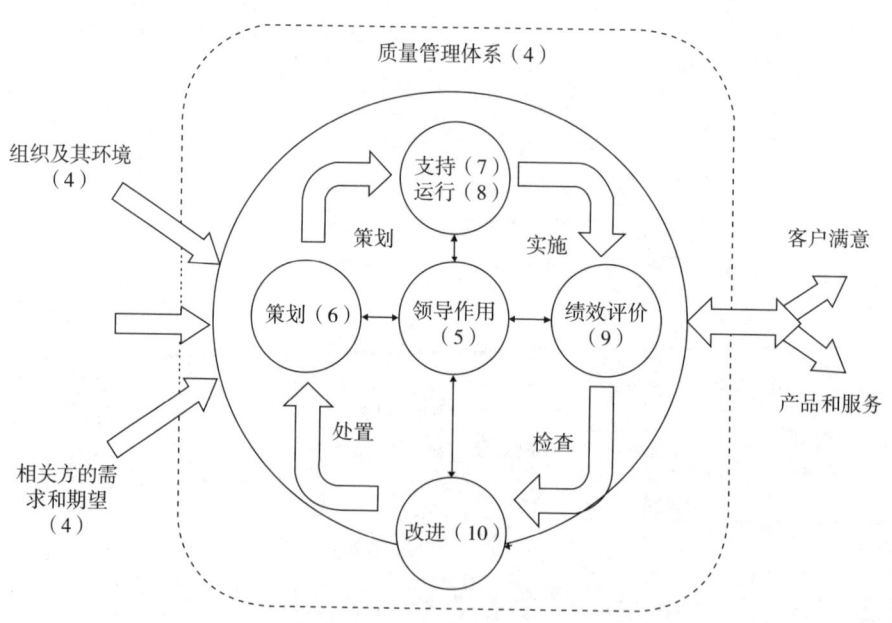

图4.5 质量管理体系构成要素和PDCA运行模式

图片来源：《GB/T 19001—2016质量管理体系要求》

第4章 基于PDCA循环理论的高新技术企业知识产权管理体系构建

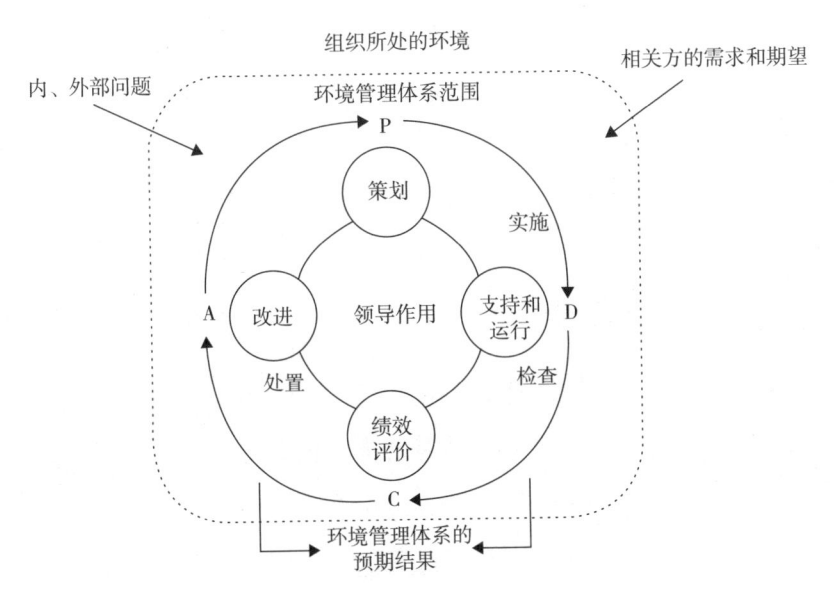

图4.6 环境管理体系构成要素和PDCA运行模式

图片来源：《GB/T 24001—2016 环境管理体系要求及使用指南》

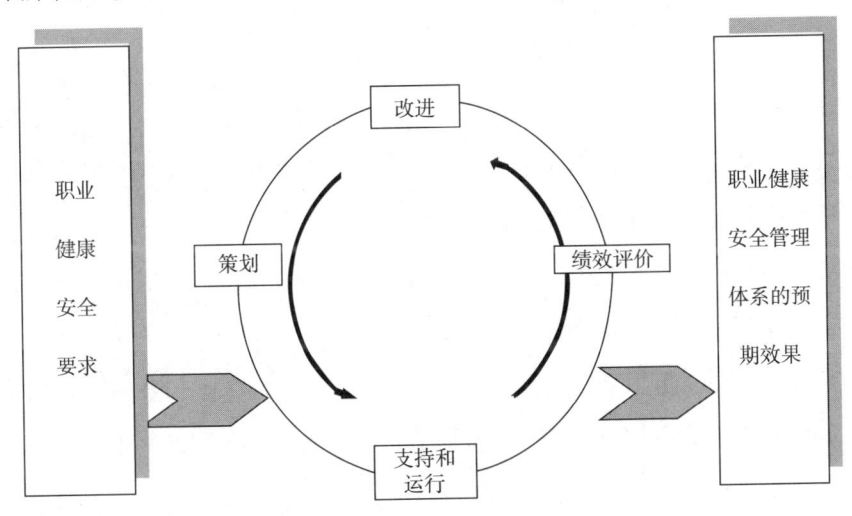

图4.7 职业健康安全管理体系构成要素和PDCA运行模式

图片来源：《GB/T 28001—2011 职业健康安全管理体系要求》

PDCA循环理论具有非常严谨的逻辑和科学的程序，企业在应用PDCA模型构建各类管理体系的过程中，容易陷入诸多误区。一是随意变动P-D-C-A循环活动顺序和工作程序，未遵循"四阶八步"的科学规范要求；二是随意删减循环步骤,导致 P、D、C、A 缺失部分核心阶段;三是机械套用,具体理论方法在应用过程中,浮于表面,不能结合企业实际灵活应用。

4.3 高新技术企业知识产权管理现状

4.3.1 知识产权工作逐步得到重视

知识产权是现代高科技企业的命脉,事关企业品牌和竞争力的保持,知识产权对提振经济发展、推动科技进步、促进文化繁荣等方面至关重要(马慧民 等,2009)。高新技术企业是我国国民经济的重要组成部分,高新技术企业通过有效的知识产权管理可以实现企业效益的增值和创新能力的提升(王敏,2016)。

我国的高新技术企业工作可以追溯到20世纪90年代初。早在1991年,《国家高新技术产业开发区高新技术企业认定条件和办法》的出台,拉开了我国高新技术企业认定和发展工作的大幕,与之配套出台了财税、金融、研发等一系列优惠政策。高新技术企业认定办法和配套政策历经多次修订和更迭,不断明确对高新技术企业研发能力指标和测度量化工作。知识产权作为研发工作的重要体现,在近几次的修订中,不断得到强化。在中华人民共和国科学技术部等三部委2016年3月联合发布的《认定办法》中,进一步明确了企业主体对知识产权工作的量化标准,要求企业通过自主研发、受让、受赠、并购等方式,获得对其主要产品(服务)在技术上发挥核心支持作用的知识产权的所有权。评分标准更是将核心自主知识产权的评分权重设立为30分,占据了高新技术企业认定的核心权重。该《认定办法》引导着我国高新技术企业不断加强知识产权工作。

随着我国在2001年加入世界贸易组织,在WTO规则的框架下,知识产权工作受到了高度重视。作为国际经贸体制的重要组成部分,不断完善知识产权工作，就成了所有WTO成员及企业发展的当务之急。外国企业经常把知识产权作为垄断国际市场的重要武器，我国加入WTO后，代表国家技术发展前沿的高新技术企业面临着激烈的经济、技术、法律等竞争，国内的高新技术企业纷纷将知识产权工作放到非常重要的位置。

近年来，全国各省、市、自治区政府和企业高度重视高新技术企业的培育工作，以广东省为例，该省将高新技术企业培育作为推动本省创新驱动发展战略的第一抓手，全省高新技术企业呈现快速发展的态势，高新技术企业数量、全社会研发投入总量、专利产出等指标连年递增。2017年，广州市高新技术企业数量净增4000家以上，连续两年实现爆发式增长，当地高新技术企业积极申报专利、软件著作权等知识产权，带动全省专利申请量大幅上升，广州市专利申请量2017年首次突破10万件，同比增长33.3%，其中发明专利申请量同比增长29.5%。与此同时，全国各省、市、自治区受高新技术企业知识产权工作重视的带动，知识产权数量和质量方面都有了显著进步。

4.3.2 当前存在的问题及成因

下面主要从五个方面对我国新技术企业知识产权管理工作存在的问题与成因进行详细解析。

（1）高新技术企业知识产权工作普遍缺乏战略支撑。

企业知识产权战略是指企业为获得并保持市场竞争优势，运用知识产权制度提供的保护手段，获取最佳经济效益的总体性谋划（冯晓青，2008）。结合企业知识产权战略的定义，企业开展知识产权工作核心目的就是为了帮助企业获得与维持市场竞争优势。制定和实施知识产权战略理所当然应当成为我国高新技术企业的一项重要工作。然而，目前我国高新技术企业知识产权工作普遍缺乏战略支撑，主要表现为：一方面，高新技术企业普遍未制定专项的知识产权战略，多数高新技术企业还未意识到知识产权战略与企业总体战略之间的关系，误以为企业制定了经营战略，就可以不再专项制定知识产权战略了。另一方面，企业知识产权战略与企业战略规划结合度不够。

究其原因，主要是由于我国高新技术企业普遍缺乏战略意识，对知识产权工作的理解，仅仅停留在知识产权成果的申请、保护等单一工作层面。导致众多高新技术企业认为制定专项的知识产权战略必要性不充分，即使部分企业制定了知识产权战略，具体战略结构和内容也是不全面的，甚至与公司的发展战略脱节。

（2）高新技术企业基础创新能力和投入不足，知识产权增长乏力。

基础创新能力反映高新技术企业开展知识产权工作提供的研发投入等条件保障以及创新成果积累等物质基础的能力（见本书第3章），现阶段我国高新技术企业已经具备了一定的知识产权数量，但是距离拥有核心自主知识产权的目标，还有一些距离。究其原因，目前高新技术企业研发投入不足，基础创新能力不够。早有报道，我国半数以上大中型企业没有一件核心专利（陶用之等，2006）。仍然有很多高新技术企业自主创新意识淡薄，只愿斥巨资投入广告宣传，却不愿意在知识产权工作方面进行专项投入。

（3）高新技术企业知识产权产出失衡，质量普遍偏低。

《2017年世界知识产权指标》报告显示，中国在专利、商标和工业产品外观设计等知识产权领域的申请数量均排名第一位，中国的企业。尤其是高新技术企业已经成为全球专利、商标等主要知识产权申请增长量方面最主要推动者。这一数据充分说明，中国创新主体企业的创新步伐不断加快，我国高新技术产业的迅速崛起，企业的知识产权申请量迅速增加，随着我国知识产权积累量跃居全球首位，我们已经基本完成了知识产权"数量布局"的目标。"大而不强"是我国高新技术企业知识产权创造工作的典型特征，知识产权必须从数量积累向质量提升的方向转变，知识产权的价值才能得到市场的认可。

近年来，围绕"知识产权提质工作"，我国启动实施了以"专利质量提升工程"为代表的提质工作，目标是为了提升知识产权对实体经济的供给水平和质量，大力培育高价值核心知识产权，高新技术企业应起到引领和表率作用，努力提升相关产业的核心竞争力。

（4）高新技术企业知识产权运营能力低。

高新技术企业知识产权运营能力低主要表现在以下几个方面。

第一，高新技术企业知识产权运营意识淡薄。我国虽然早已经从计划经济向市场经济完成了转型，但对知识产权的运用意识普遍还停留在计划经济体制思维下，仅仅关注知识产权申请和保护层面。评价高新技术企业知识产权管理的指标都是以拥有的知识产权授权数量为主，因此，在企业取得权利后，便将这些知识产权束之高阁，直到这些知识产权到期或遇到纠纷时，才会再关注到它们的存在。

第二，知识产权转化能力弱。由于我国长期以来在高新技术企业认定和评价政策机制设计方面，着重关注知识产权的申请量和授权量。在这种机制的影响下，多数企业不会关注知识产权的转化应用。据世界银行统计，我国高新技术企业科技成果的转化率只有15%，专利转化率只有25%，专利推广率在10%~15%之间浮动，远低于发达国家水平（赵嘉茜 等，2013）。

第三，缺乏知识产权运用的专业团队。由于长时间的知识产权运营政策缺位，导致该领域的专业人才和组织严重匮乏，对于如何促进知识产权运营，不少企业显得力不从心。

（5）高新技术企业知识产权管理体系构建刚起步，任重道远。

我国高新技术企业的发展起步较晚，与国外相比还存在较大差距，国内高新技术企业的知识产权管理普遍还处在摸索阶段。2013年3月1日，由国家知识产权局牵头起草制定的国家标准GB/T 29490—2013《企业知识产权管理规范》正式颁布实施。据国家知识产权局统计显示，截至2017年12月，共有7579家企业通过了贯标认证。这一基数仅占全国13.6万家高新技术企业的5%。由此可见，我国高新技术企业知识产权管理体系构建工作可谓任重道远。各省（市、自治区）贯标企业认证数据见表4.2所示。

表4.2 各省（市、自治区）贯标企业认证数据

序号	省（市、自治区）	各地获证企业数	序号	省（市、自治区）	各地获证企业数
1	北京市	40	17	山西省	1
2	天津市	131	18	内蒙古自治区	12
3	河北省	46	19	辽宁省	30
4	吉林省	66	20	广西壮族自治区	147
5	黑龙江省	12	21	海南省	46
6	上海市	108	22	重庆市	15
7	江苏省	1917	23	四川省	171
8	浙江省	904	24	云南省	4
9	安徽省	16	25	贵州省	55
10	福建省	145	26	西藏自治区	0
11	江西省	57	27	陕西省	85
12	山东省	776	28	甘肃省	4
13	河南省	187	29	青海省	7
14	湖北省	93	30	宁夏回族自治区	0
15	湖南省	58	31	新疆维吾尔自治区/新疆生产建设兵团	29
16	广东省	2417		合计	7579

数据来源：各省（市、自治区）知识产权贯标工作总结（2017年）

4.4 高新技术企业知识产权管理体系构建

本节将从构建原则、框架模型以及分阶段构建过程三个方面详细阐述基于 PDCA 循环理论构建的高新技术企业知识产权管理体系。

4.4.1 构建原则

高新技术企业要实现创新发展目标，就必须建立健全知识产权管理体系，其有助于企业健康可持续发展。袁建中教授（2011）曾这样评价知识产权管理体系："知识产权管理有助于将组织中只可以意会不可以言传，源自于亲身体验、高度主观和个人洞察力、直觉、预感、灵感甚至顿悟而来的，无法通过书面文字、图表和数学公式来表述的隐性知识，加以综合整理，转化成可以显性的知识，并留存于组织内加以利用，从而帮助企业永续经营"。由此可见，知识产权管理体系对一个企业的经营发展具有至关重要的作用。面对错综复杂的内外部发展环境，高新技术企业在制定规范的管理文件和管理流程，构建知识产权管理体系时，除了要秉承简洁、高效、风险可控的一般管理体系构建目标外，还需要遵循以下九项原则。

（1）战略导向。

高新技术企业在构建知识产权管理体系时，应首要坚持战略导向原则，即统一部署经济发展、科技创新和知识产权战略，使三者相互支撑、相互促进。古人云："预则立，不预则废。"这一战略管理原则同样适用于知识产权管理，高新技术企业知识产权管理体系的构建也应当始于战略，并以明确、适用的知识产权战略为导向，引导企业围绕知识产权的创造、运用、保护、管理、人才培养等实施一系列活动，制定各类具体规范的管理文件和管理流程。知识产权战略应避免落入孤立割裂的制定误区，在企业战略组成中，知识产权战略与企业经营发展战略、科技创新战略、质量品牌战略等各类战略同属企业战略的一部分。因此，高新技术企业构建知识产权管理体系在坚持战略导向原则时，应在具体执行中强调与其他战略的协同与支撑。具体如图4.8所示。

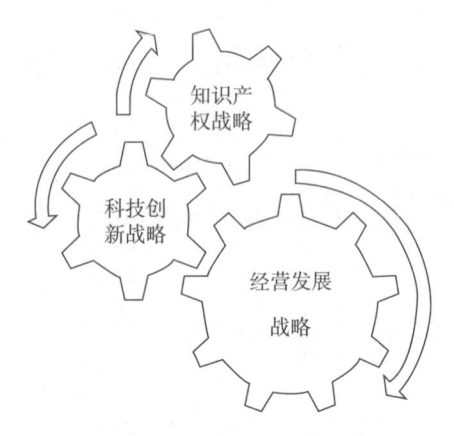

图4.8　知识产权战略协同示意图

（2）领导重视。

最高管理者重视知识产权管理体系的构建工作，是体系成功构建的关键。最高管理者重视知识产权管理体系的主要体现：制定企业的知识产权战略，制定知识产权管理的目标和方针，保障知识产权各项活动开展的资源配置，并定期检查或组织检查各类知识产权活动开展的效果。最高管理者可以通过亲自主持上述工作来支持和参与知识产权管理体系建设，也可以委托一个管理者代表或团队负责开展体系建设工作。

（3）全员参与。

高新技术企业知识产权管理体系构建工作与质量、环境等管理体系建设工作对全员参与性的要求是一致的。知识产权涉及高新技术企业每个业务环节和领域，全体员工的创造性和积极性都必须得到充分调动，才能确保建设成效。在企业知识产权管理体系具体建设工作中，人人都是建设者，没有旁观者。全员的参与度是管理体系构建质量的"晴雨表"。

（4）过程方法。

所谓过程，是指使用资源将输入转化为输出的任何一项或一组活动。过程

第4章　基于PDCA循环理论的高新技术企业知识产权管理体系构建

方法具有管理体系适用的普遍性，通过识别和管理相关过程，可以促进组织有效运行。通常，一个过程的输出将直接成为下一个过程的输入。单一过程要素示意图如图4.9所示。

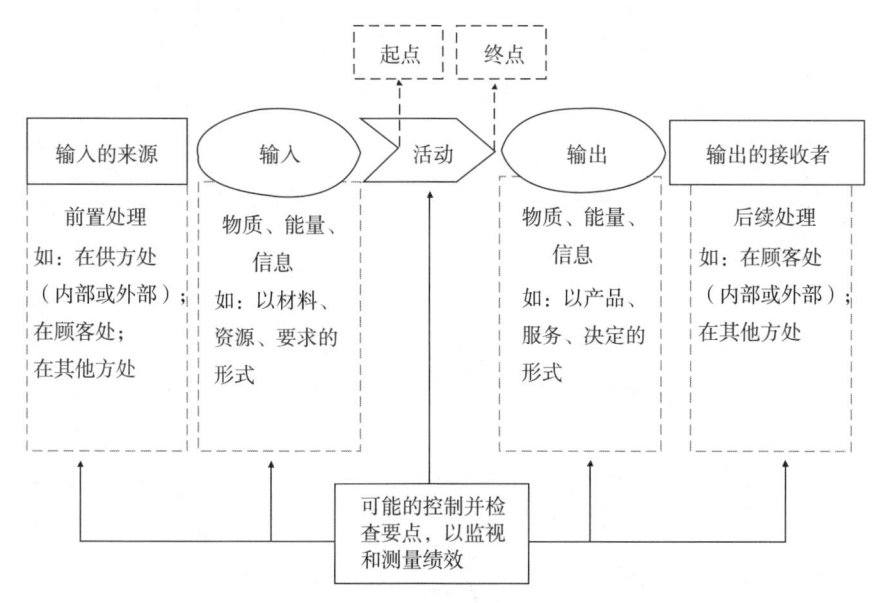

图4.9　单一过程要素示意图

图片来源：《GB/T 19001—2016质量管理体系要求》

知识产权管理体系构建过程中，对过程方法原则的实践，可采用"识别—策划—实施与测量—分析—纠正与改进"五个步骤实现，具体如图4.10所示。

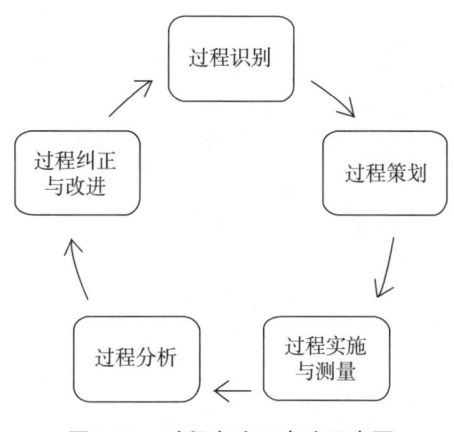

图4.10　过程方法五步法示意图

(5) 持续改进。

高新技术企业构建知识产权管理体系需坚持持续改进的原则,即应用PDCA循环理论,通过对体系策划(P)、实施(D)、检查(C)和处置(A),不断动态循环,达到保持并改进过程绩效的结果。

坚持PDCA循环理论为基础的持续改进原则是高新技术企业知识产权管理体系构建的"内核",也是知识产权管理体系构建成败的关键。知识产权管理体系构成要素和PDCA运行模式如图4.11所示。

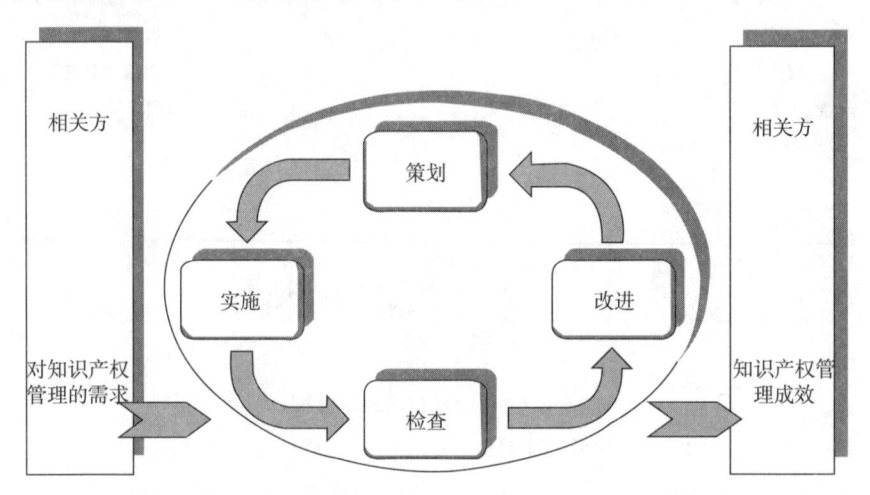

图4.11 知识产权管理体系构成要素和PDCA运行模式

图片来源:《GB/T 29490—2013 企业知识产权管理规范》

(6) 基于全生命周期。

高新技术企业在构建知识产权管理体系时,需坚持全生命周期的原则,知识产权管理体系的管理客体是专利、软件著作权等具备法定时限的知识产权对象,同时这些知识产权的创造、运用、保护等活动在时间维度方面也表现出不同的特征,因此在管理体系构建时,需要结合不同知识产权类型和活动类型的全生命周期开展体系建设工作。

(7) 基于风险的思维。

风险高是高新技术企业的"三高"(投入高、风险高、收益高)特征之一,在企业持续追求高收益目标的同时,需要时刻关注内外部风险。只有基于风险的思维为基础构建的知识产权体系才是有效的体系和健康可持续的体系。高新技术企业应定期评价知识产权风险,并将其纳入企业风险管理体系加以排查和控制。

(8)与其他管理体系的关系。

高新技术企业在知识产权管理体系构建过程中,需要关注企业已经建设的各类管理体系,同时也要为后续规划建设的管理体系留好接口,实现知识产权管理体系与其他管理体系的协调发展。企业各类管理体系如图4.12所示。

| 管理体系 | ISO9000 1980年 | ISO14000 1993年 | OHSAS18000 1999年 | SA 8000 2001年 | GB/T 23331 2012年 | GB/T 29490 2013年 | GB/T 23020 2013年 |

图4.12 企业部分管理体系标准的发布时间图谱

当前,企业在建立科学、系统和规范的知识产权管理体系的过程中,应注重重点与组织内部已经存在的QES(质量、环境、职业健康安全)三体系进行融合。知识产权管理体系与QES三体系在管理体系构成要素、结构、运行机制等方面拥有诸多相似之处,为四个管理体系的一体化融合建设创造了契机,开展企业知识产权管理体系与QES三体系融合研究,旨在帮助企业全面提高知识产权管理水平,有效提高知识产权对企业经营发展的贡献水平,支撑创新驱动的发展战略。整合后的管理体系如图4.13所示。

(9)适度灵活。

企业构建知识产权管理体系时需要结合经济和社会发展现状、不同法律法规政策要求;还要结合企业自身发展需求、竞争策略及所属行业的特点;并且还要结合企业不同规模、组织结构以及产品及核心技术的差异。因此高新技术企业在构建知识产权管理体系时必须在企业自身规模、外部发展环境、发展时期等维度方面保持适度灵活的原则,并始终坚持以PDCA循环理论为基础,确保持续改进的目标不动摇。

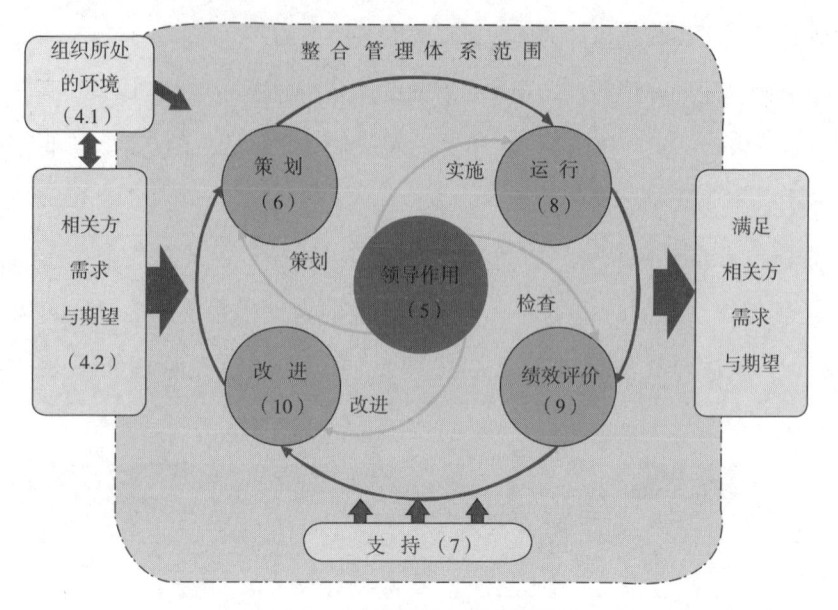

图4.13 整合管理体系结构框图

4.4.2 框架模型

通过上述章节的理解，我们充分认识了PDCA循环理论的机理和运作特点，并对企业现有典型管理体系（质量、环境、职业健康安全）中如何运用PDCA循环理论进行了系统分析。通过分析，可以看出PDCA循环理论同样适用于企业知识产权管理体系的构建。

（1）主要构建步骤。

本节主要阐述基于PDCA循环理论高新技术企业知识产权管理体系的构建框架模型，具体模型按照如下三个步骤构建。

首先，基于过程方法原则，把知识产权管理体系视为一个利用资源将相关方知识产权的需求作为输入转化为知识产权管理成效输出的整体过程。我们可以将相关方对知识产权管理的需求视为企业知识产权管理活动的输入，这些管理需求一般包括：新产品、新技术的开发；提高市场占有率；防范知识产权风险；提高企业竞争力等。而将知识产权管理成效视为针对相关方知识产权需求的成果输出。这些输出成果一般包括：激励知识产权创造，实现技术进步；切实提高市场占有率；知识产权得以全面保护，规避了知识产权风险；通过系统管理知识产权，提高企业核心竞争力等。

其次，按照持续改进的原则，基于PDCA循环理论整合资源，通过策划—实施—检查—改进活动的开展，实现输入和输出的转换。具体过程如图4.14所示。在高新技术企业知识产权管理PDCA循环中，各项活动的具体内容如下：① 策划（P）：理解相关方知识产权管理需求，制定企业的知识产权目标和方针；② 实施（D）：在企业的业务过程中，创造、运用和保护知识产权；③ 检查（C）：监控和分析评价知识产权管理成效；④ 改进（A）：根据检查结果改进知识产权管理体系。

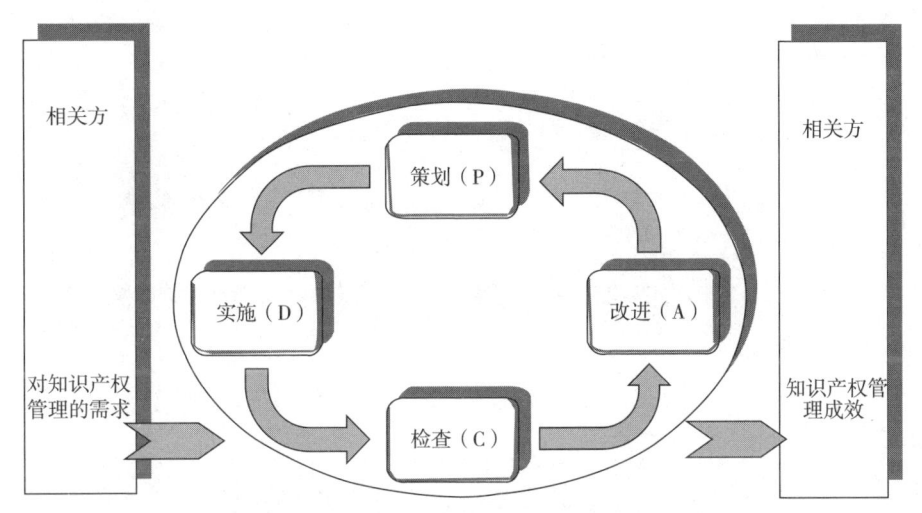

图4.14 基于过程方法的企业知识产权管理过程

最后，基于上述过程方法和PDCA循环理论，可以构建高新技术企业知识产权管理体系的框架模型。即针对"相关方的需求、知识产权方针目标、知识产权管理职责、相关资源和知识产权管理成效"，运用策划（P）—实施（D）—检查（C）—改进（A）的循环活动资源整合和成果转化，实现组织既定的知识产权目标和方针要求，同时企业进入下一个PDCA循环系统。具体体系构建框架如图4.15所示。该框架图是将高新技术企业知识产权管理体系视为一个整体过程给出的模型，按照过程方法，我们可以结合高新技术企业知识产权管理对象，将知识产权管理体系细分为诸多子过程，然后再运用PDCA循环理论实现各过程的体系整合，以此周而复始，即可实现整个知识产权管理体系的建设工作。

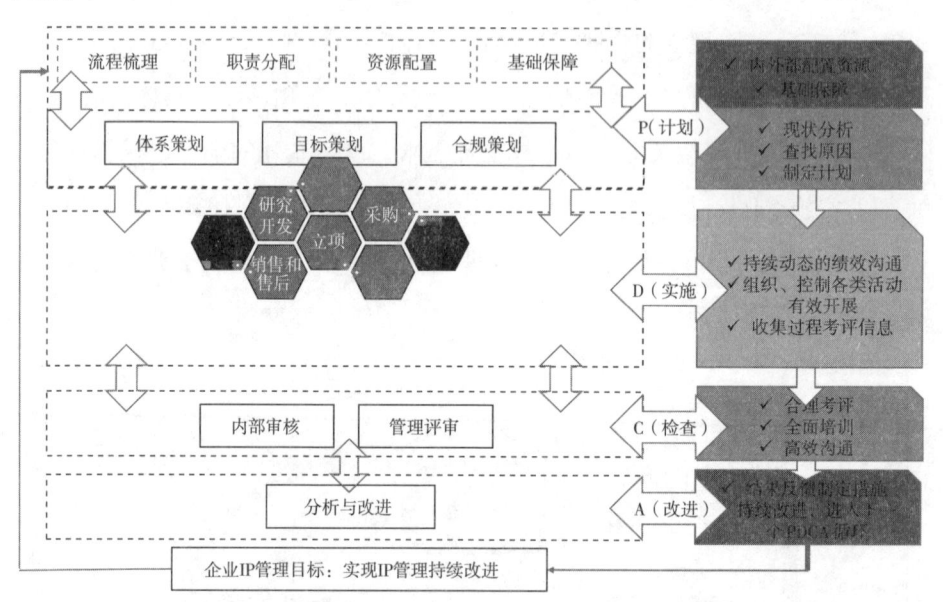

图4.15 基于PDCA循环理论的高新技术企业知识产权管理体系框架模型

（2）体系过程细分。

结合高新技术企业知识产权实际管理活动，本章将高新技术企业知识产权管理体系细分为11个关键二级过程，具体如表4.3所示。这11个二级过程按照过程方法理论，原则上还可以细分出三级、四级乃至更细的下一级过程。为了便于建立模型和实践，本章仅分解到二次过程。基于PDCA循环理论可将11个二级过程组合形成高新技术企业知识产权管理体系持续改进模型，具体如图4.16所示。从图4.16可以看出，高新技术企业知识产权管理体系策划（P）阶段包括体系策划、目标策划和合规策划三个过程。实施（D）阶段包括立项、研究开发、采购、生产、销售和售后四个过程。检查（C）阶段包括内部审核和管理评审两个过程。改进（A）阶段包括分析与改进一个过程。这些二级过程串联起来，就构成了一个完整的知识产权管理体系，基于PDCA循环理论将它们聚类为四个阶段，在每个阶段内，各过程还可以细分，同时还可以基于PDCA理论再进行循环持续改进。以此规律不断循环，达到持续改进的体系建设目标。

表4.3 高新技术企业知识产权管理体系二级过程

序号	过程名称	过程内容	备注
1	体系策划	管理者承诺对知识产权管理体系的重视和资源保障	P
2	目标策划	建立并保持知识产权目标	P
3	合规策划	建立、实施并保持法律和其他要求的合规活动	P
4	立项	立项阶段的知识产权管理	D
5	研究开发	研究开发阶段的知识产权管理	D
6	采购	采购过程的知识产权管理	D
7	生产	生产过程的知识产权管理	D
8	销售和售后	销售和售后过程的知识产权管理	D
9	内部审核	定期进行体系检查和审核	C
10	管理评审	对知识产权管理有效性进行评审	C
11	分析与改进	结合检查结果进行分析和持续改进	A

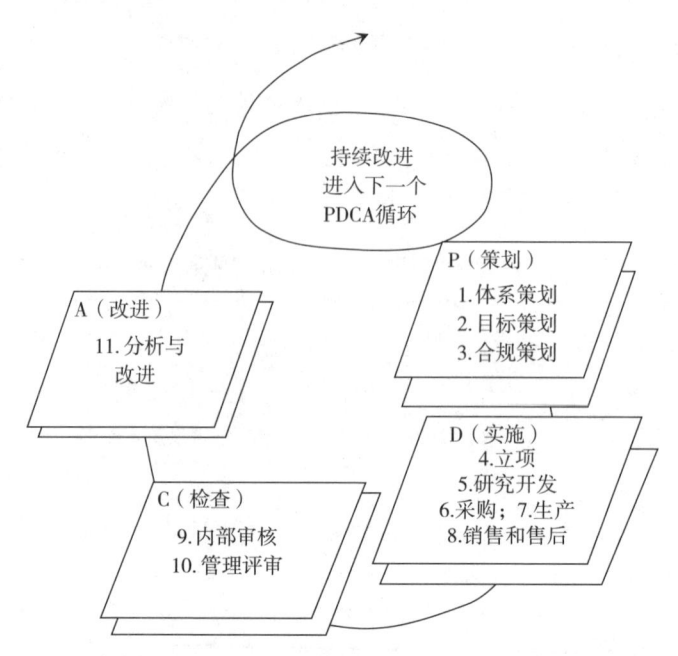

图4.16　基于PDCA循环理论的高新技术企业知识产权管理体系持续改进模型

4.4.3　分阶段体系构建过程

1）策划（P）阶段体系构建过程

（1）策划（P）阶段体系过程分析。

策划（P）阶段是知识产权管理体系构建的思想基础和战略高地，该过程确立了高新技术企业知识产权管理体系的战略目标方针，以及各类知识产权获取、维护、运用和管理活动开展的原则，是指引企业知识产权管理体系建设的指南和准则。

高新技术企业知识产权管理体系策划（P）阶段包括三个二级过程：体系策划、目标策划和合规策划。这三个二级过程分别从不同角度对知识产权管理体系提出目标和要求。体系策划重点考量管理体系对知识产权方针的适配度；目标策划重点考量知识产权目标与方针的一致性；合规策划重点考量知识产权管理活动适用法律法规的情况。

（2）策划（P）阶段体系构建的步骤和要点。

高新技术企业知识产权管理体系策划（P）阶段的构建应重点关注"战略

导向"原则和"领导重视"原则的应用。企业的各项活动应在"战略导向"原则的指引下，完成体系、目标和合规的策划工作。

（1）体系策划过程要点。

在该过程中，应当基于"战略导向"原则和"领导重视"原则首要落实管理者承诺对知识产权管理体系的重视和资源保障。这是知识产权管理体系建设成败的关键，高质量的体系策划将有效解决企业基础创新能力和投入不足的问题，具体体现在以下过程的落实方面。

一是制定企业知识产权战略规划。知识产权战略是企业知识产权管理体系的核心，在知识产权战略制定过程中，最高管理者应统一部署经营发展、科技创新和知识产权战略，实现三者之间的相互支撑和促进。应充分理解企业知识产权管理需求，制定明确的知识产权方针和目标，知识产权方针和目标应充分反映企业在知识产权创造、应用、保护、管理等方面的诉求，秉持"可持续、高质量、重应用"的宗旨，尽可能量化知识产权战略规划的内容，明确企业在预期的经营周期中知识产权创造产出的数量和质量、知识产权成果转化效率和知识产权组织管理体系达标程度等内容。战略应当得到全体员工的高度认可和广泛认知，以便充分发挥广大员工的积极性和创造性，为战略目标的实现奠定基础。

二是建立与战略规划配套的管理组织。知识产权管理体系的有效运行与企业的管理组织结构建设密不可分，合理设置知识产权管理机构，是企业开展知识产权管理活动的基础，企业应当建立与战略规划配套的组织机构，并明确知识产权管理职责和权限。最高管理者可结合企业规模、战略目标要求以及自身人才团队现状建立适用的管理组织机构。在具体的组建过程中，应把握以下原则：一要明确企业最高管理者是企业知识产权管理的第一责任人；二要在企业内部设置相应的知识产权管理部门并配备专职或兼职管理人员；三要动态调整组织机构和职能，以便与企业实际发展相匹配。

三是确保战略实施的资源保障落实。充沛的资源是构建知识产权管理体系的前提和保障，也是系统解决企业基础创新投入的源头保障。高新技术企业知识产权管理体系建设过程中的保障性资源主要包括人力资源、财务资源和信息资源（朱宇 等，2011）。在资源配置过程中，应把握以下原则：人力资源的选配应当具备相关知识产权知识和能力的管理人员；财务资源应有效支撑企业知识产权管理体系的高效运行，实现知识产权价值的最大化；信息资源涉及的知识产权相关的信息渠道、信息类别、信息量应满足开展知识产权管理活动的需要。上述资源的有效配置，将为系统解决企业基础创新能力和投入不足、知识产权增长乏力等问题奠定基础。

四是定期组织管理评审。评审是体系策划的检验环节，最高管理者应定期组织开展知识产权管理评审（原则上不应超过12个月组织一次），重点是评价企业各项知识产权活动有效运行和控制情况，确保体系得到持续改进。

（2）目标策划过程要点。

在该过程中，企业应重点关注知识产权战略目标的分解，是对知识产权战略工作的进一步聚焦和加强，过程中要明确知识产权目标，并保障知识产权目标与方针的一致性。为了实现该目标，在策划阶段，需要进一步将知识产权目标层层分解，在各阶段和层级设立具体测度要求。以确保知识产权战略目标的可实现性。

（3）合规策划过程要点。

在该过程中，一方面通过策划为企业知识产权管理体系划定了一条法律红线，任何知识产权过程和相关活动必须以遵守适用的法律法规为前提，同时也为企业灵活运用法律法规支撑知识产权战略战术的应用提供了保障。在该过程构建时，应重点做好以下工作：应保障适用法律法规获取渠道权威性、适用法律法规台账完整性、适用法律法规更新及时性，以及适用法律法规员工获知度。

2）实施（D）阶段体系构建过程

（1）实施（D）阶段体系过程分析。

实施（D）阶段是知识产权管理体系运行过程中的关键环节，是知识产权

第4章 基于PDCA循环理论的高新技术企业知识产权管理体系构建

管理体系方针目标落地的根本保障。在高新技术企业知识产权管理体系构建过程中，实施（D）阶段是策划（P）阶段的执行过程和实践，也是整个知识产权管理体系构建能否成功的关键，实施（D）阶段须结合企业的实际产品或技术，覆盖从立项开始一直到产品交付的全生命周期，该阶段的目的就是为了确保知识产权管理目标的实现，使知识产权管理体系不断改进和完善，使其更加符合企业的客观实际发展需要。该阶段包括五个二级过程：立项、研究开发、采购、生产、销售和售后，这五个二级过程涵盖了产品和服务的实现过程。该阶段过程如图4.17所示。

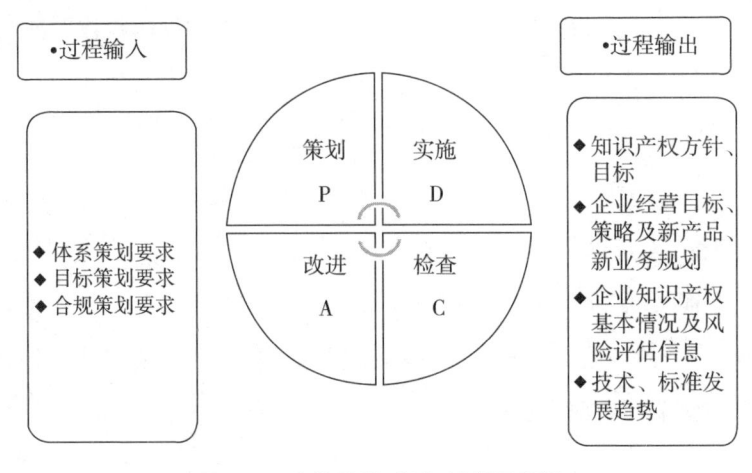

图4.17 实施阶段（D）过程示意图

（2）实施（D）阶段体系构建的步骤和要点。

高新技术企业知识产权管理体系实施（D）阶段的构建需结合企业产品和技术实现的自然属性，应重点关注"基于风险的思维"原则和"适度灵活"原则的应用。基于PDCA循环理论，可将实施阶段五个（立项、研究开发、采购、生产、销售和售后）二级过程共性的知识产权管理规范要求部分进行统一梳理，具体要求如下。

一是要注重过程中知识产权的策划，在立项阶段应牢固树立风险意识，针对拟立项的项目进行知识产权信息分析和市场的调研。在新产品、技术研究开发、生产、销售和售后阶段需在知识产权检索分析的基础上，制定知识产权规划，避免或降低知识产权侵权风险。采购阶段应以避免采购知识产权侵权产品为目标策划开展知识产权管理工作。

二是要注重过程中知识产权的实施，在立项、研究开发、采购、销售和售后阶段，知识产权管理的实施重点应在知识产权相关信息的收集、分析和预警方案的制定方面，例如在立项阶段须对所属领域的知识产权信息进行分析，对知识产权风险进行评估，并将评估结果进行输出。销售和售后阶段需要建立产品销售市场监督程序，及时采取跟踪、调查和保护措施。

三是要注重过程中的知识产权检查和改进，针对上述五个二级过程中形成的立项知识产权风险评估报告、研究开发成果、供方知识产权权属证明、生产活动中形成的记录、销售和售后知识产权风险规避方案等文件和记录，企业要主导归口管理部门养成规范的文件和记录习惯，并在内部审核过程中及时检查和改进。

3）检查（C）阶段体系构建过程

（1）检查（C）阶段体系过程分析。

检查（C）阶段是知识产权管理体系运行过程中的重要环节，是PDCA运行模式承上启下的重要过程设计。检查（C）阶段是管理体系实现自我改进和完善的必经过程，其检查评价结果决定了下一轮PDCA循环的方向和重点。

高新技术企业知识产权管理体系检查（C）阶段包含两个二级过程：内部审核和管理评审。该阶段过程的目的是通过审核和评审发现企业知识产权管理体系的符合性和有效性，并评价体系的适宜性和充分性。内部审核是企业管理部门依据体系文件要求和对照相关规范，自主开展一系列审核活动的过程。其目的是检验标准规范要求的满足性。管理评审是由最高管理者主导的评审活动过程，其目的是评价知识产权管理体系现状对环境的持续适用性、有效性，为下阶段体系持续改善提供方向和依据。检查（C）阶段过程如图4.18所示。

第4章 基于PDCA循环理论的高新技术企业知识产权管理体系构建

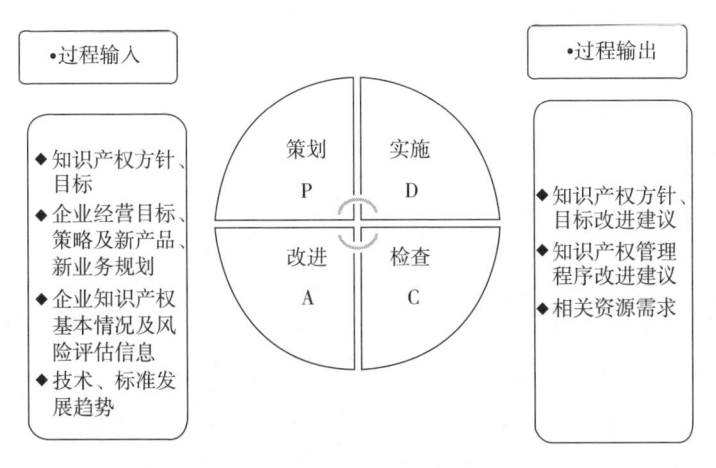

图4.18 检查阶段（C）过程示意图

（2）检查（C）阶段体系构建的步骤和要点。

高新技术企业知识产权管理体系检查（C）阶段的构建应重点关注"全员参与"原则和"领导重视"原则的有效落实。体系检查工作不只是管理部门的职责，企业知识产权管理工作千头万绪，涉及活动多、要素多，仅凭借一个或几个部门的力量开展检查工作，往往达不到预期的效果，因此内部审核工作应调动全员的积极性，以员工自检、班组互检、车间部门交叉审核、体系主管部门专检等多种形式开展，全员积极参与才能达到全面有效的预期效果。在管理评审活动中，要求企业最高管理者要亲自参与，通过会议等形式针对体系建设的效果进行综合评价，最高管理者的重视要体现在参与度和评审结果的有效落地两个方面。在体系检查（C）阶段，全员积极参与和最高管理者高度重视两者缺一不可。

（1）内部审核过程的关注要点。

在内部审核过程中，企业应建立分级审核的机制，针对日常管理体系要求，强调企业员工的内部自我监督检查，更多体现在管理要求与行为规范的对比匹配方面。部门和班组则要利用组织的宽度和分工，在本组织内部建立好监督机制，必要时应当引入绩效考核。企业还应当每年制定专项的内部审核策划，由组织管理部门发起，并制定审核策划。内部审核策划应当包括：确定审核目的、申报范围、组建审核组、具体审核方法及要求等。一个完整的审核策划，应当覆盖企业的所有知识产权管理过程和所有部门，确保所有过程均处于持续受控状态。审核活动实施的重点是验证各过程活动和有关结果的符合性，确保知识产权管理体系的有效性、过程的可靠性、标准要求的适用性，评价达到预期管理目标的具体程度，确认后续改进（A）阶段的机会和措施。在内部审核过程中，企业的管理层要保障审核工作的各类资源配置，包括人员、数据权限、时间、经费等资源，以实现内部审核工作目标。

内部审核是由企业自发组织完成的，由于企业在内部审核中具有充分自主性，不需要依赖外部力量完成，因此在企业中，内部审核往往作为管理者介入知识产权管理的一项重要工具来使用。其目的在于验证知识产权管理体系的持续符合性和有效性，找出管理中的问题，为后续分析和改进提供依据。

（2）管理评审过程的关注要点。

在管理评审过程中，最高管理者作为评审的主导者起着至关重要的作用，管理评审的形式一般以会议形式开展。评审活动过程的输入正是内部评审结果的输出内容，即知识产权管理体系与标准规范要求的符合性和有效性的分析评议。输出为评价管理体系现状对环境的持续适用和有效，为下阶段体系持续改善提供方向和依据。因此，管理评审和内部审核具有非常密切的联系，内部评审的结果直接影响管理评审的效果。

此外，管理评审的完成并不意味着体系运行的终结，而是下一个运行过程的开始和方向指引。通过管理评审形成新的目标和指标，制定和实施新的知识产权获取、维护、运用和保护过程，从而实现新一轮的持续改进。

4）改进（A）阶段体系构建过程

（1）改进（A）阶段体系过程分析。

改进（A）阶段是高新技术企业构建知识产权管理体系自我改善的关键过程，同时也是管理体系向下一阶段迭代的标志性节点。在构建这一过程体系时应当注重改进过程在整个高新技术企业知识产权管理体系中的特殊位置，一方面它的输入是上一阶段即检查（C）阶段的过程反馈。而完成改进过程的输出又成了下一迭代后体系的输入，继续开展PDCA循环持续改进。企业知识产权管理体系只有建立了完善的改进机制，才能保障知识产权管理体系有效运行。

高新技术企业知识产权管理体系改进（A）阶段包含一个二级过程：分析与改进。分析是企业深入查找知识产权管理问题，找出问题发生的机制和深层次原因的过程。其目的是为企业制定改进措施提供依据，指明具体方向。改进是企业依据分析找到的原因，提出消除这些管理问题的具体举措，并按照改进措施进一步完成整改的过程。分析与改进是企业知识产权管理体系实现高效运营、规避风险和提升市场竞争力的重要保障。改进（A）阶段过程如图4.19所示。

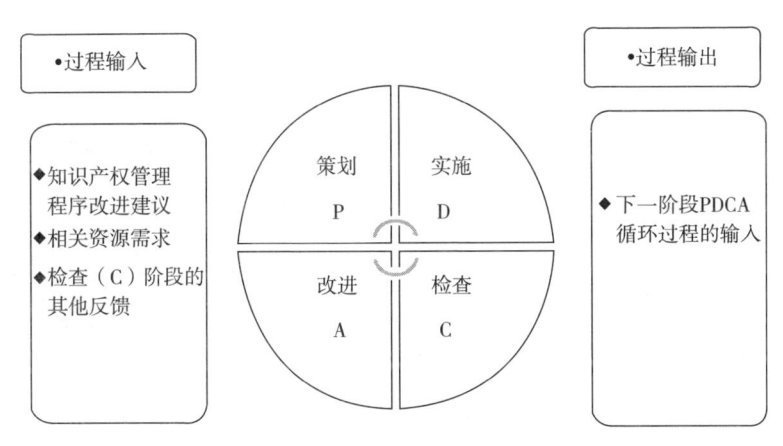

图4.19 改进（A）阶段过程示意图

（2）改进（A）阶段体系构建的步骤和要点。

高新技术企业知识产权管理体系改进（A）阶段的构建应遵循基于全生命周期原则和基于风险的思维原则。作为改进阶段，企业为了保证过程效果，需要重点关注两个方面，一是要保障分析与改进的输入和依据真实、充分，由于该过程的输入一部分来自于上阶段的检查、分析结果，因此要求分析、改进活动必须主动和深入。剩余部分的输入源自于所在企业制定的知识产权方针和目标。只有两部分真实有效，所制定和落实的改进措施才能取得更好的预期效果。

在分析过程中，企业可按照收集信息—找出原因—沟通反馈三个步骤开展工作。企业应当充分收集体系建设过程中的信息，信息收集应力求全面和真实，包括检查（C）阶段的结果，知识产权管理体系在各环节、各阶段的运行记录等，以便为开展体系改进工作提供依据。

查找问题及其产生的原因是知识产权管理体系分析工作的关键，也是分析的目的。查找问题可以重点聚焦在判断企业体系是否符合知识产权规范要求，在实施和保持的过程中，各项举措的落实情况、知识产权方针和目标的完成情况。对问题原因的查找，应当力求真实和深入，要求基于真实的信息收集，必要时应当基于具体的数据。不要被管理假象所迷惑，更不能浅尝辄止，浮于表面现象。要深挖现象后面的本质，应从机制设计、实施质量、内外部环境等多个维度来求证原因。

企业知识产权管理体系分析的结果要做好有效沟通，企业应建立快速有效的沟通机制，将分析结果及时反馈到相关部门，以便为管理体系后续改进工作提供依据，争取时间。

在改进过程中，企业应坚持针对性和持续改进的原则。企业知识产权管理体系的改进应当依据分析过程中找出的问题和具体原因，由责任部门进行分析和确认，提出有针对性的改进措施，实施整改。企业知识产权管理部门应当主动会同有关部门制定问题整改方案，实施改进。在实施改进的过程中，企业仍然要按照PDCA循环理论的要求保持知识产权管理体系得以持续改进。

5）高新技术企业知识产权管理体系PDCA循环过程

综上分析，高新技术企业知识产权管理体系可以按照过程方法和PDCA循环理论，分解为体系策划、目标策划、合规策划、立项、研究开发、采购、生产、销售和售后、内部审核、管理评审、分析与改进11个关键过程，并按照PDCA循环理论分解至P（策划）、D（实施）、C（检查）和A（改进）4个不同阶段的过程中，若把高新技术企业知识产权管理体系视为一个完整的管理过程看待，则各阶段依次按照顺序成为下一阶段的输入，改进（A）阶段的输出则成了体系下一个PDCA循环过程的输入。这样周而复始，实现知识产权管理体系的不断完善，并最终达到既定的知识产权战略目标。由于本章对知识产权管理过程的分解仅到关键的二级过程，因此，在管理体系构建过程中还应关注诸多注意事项，如表4.4所示。

表4.4　基于PDCA循环理论的高新技术企业知识产权管理体系构建过程表

主体	循环过程	关键过程	注意事项
企业知识产权管理体系	P（策划）	体系策划	管理体系对知识产权方针的适配度 知识产权管理活动覆盖的全面性 知识产权管理活动开展的有效性 知识产权管理活动持续改进的有效性
		目标策划	知识产权目标与方针的一致性 知识产权目标明确性 知识产权各阶段目标的层次性 知识产权目标可测度
		合规策划	适用法律法规获取渠道权威性 适用法律法规台账完整性 适用法律法规更新及时性
	D（实施）	立项	立项中知识产权信息收集的全面性 明确项目及产品潜在合作伙伴和竞争对手 立项中的风险评估全面性 立项中对知识产权风险的预算准备
企业知识产权管理体系	D（实施）	研究开发	研发中知识产权信息的检索分析利用程度 研发中的知识产权规划程度 结合知识产权风险调整研究开发策略及时性 研发成果的知识产权保护及时性 研发活动中知识产权记录规范性
		采购	采购活动中对知识产权信息收集的全面性 供方信息的管理和保密规范性 进货渠道信息的管理和保密规范性 进价策略信息的管理和保密规范性 采购合同中知识产权风险的规避性

续表

主体	循环过程	关键过程	注意事项
企业知识产权管理体系	D（实施）	生产	生产阶段对技术改进和创新的评估及时性 生产阶段对知识产权保护的及时性 对外协作生产中的知识产权风险防控 生产阶段知识产权记录的管理有效性
		销售和售后	产品售前知识产权信息的审查和分析 产品促销商业活动知识产权保护方案全面性 销售市场中对知识产权风险的监控有效性 知识产权风险方案调整及时性
	C（检查）	内部审核	定期开展知识产权内部审核的机制 知识产权内部审核的全面性 知识产权内部审核的深入性 知识产权内部审核的效果和质量
		管理评审	管理评审开展周期合理性 管理评审输入的全面性 管理评审的全面性 管理评审的深入性 管理评审的效果和质量
	A（改进）	分析与改进	分析改进活动开展的主动性 分析改进活动开展的深入程度 分析改进活动开展的质量和效果

4.5 本章小结

本章在详细了解PDCA循环理论及其在企业管理体系中应用的基础上，紧紧围绕提升高新技术企业知识产权能力的目标，集成过程方法和PDCA戴明循环理论，构建了基于PDCA循环理论的高新技术企业知识产权管理体系。首先提出了知识产权管理体系具体构建的原则、理论模型、方法和路径。然后运用过程方法将知识产权管理体系分解为11个关键过程，结合PDCA循环理论，将11个关键过程分解至P、D、C、A四个不同阶段，从策划、实施、检查和改进过程的构建实现知识产权管理体系周而复始、持续改进的目标。并为后续评估体系建设成效、实施检测和体系进行持续改进管理奠定理论框架和基础。

第5章 高新技术企业知识产权管理体系成熟度评价

本章是在第4章研究的基础上，旨在实现对高新技术企业知识产权管理体系构建成效的考察和量化评价，将项目管理领域的成熟度模型引入到高新技术企业知识产权研究中，以企业知识产权管理体系成熟度等级层面、关键过程层面、目标管理层面三个维度为切入点，构建了"知识产权管理体系成熟度模型"（Intellectual Property Management System Maturity Model，IP-3M），并描述了该模型的三维结构、等级划分与典型特征以及流程设计；同时，以该模型为基础开展了高新技术企业知识产权管理体系成熟度评价方法研究，明确了评价指标体系的建立原则与框架结构、评价准则，并提出了知识产权管理体系成熟度综合评价方法；进一步地，给出了IP-3M及综合评价方法的应用步骤，分析了持续改进的成熟度动态评价过程。

5.1 IP-3M的构建

本节将重点说明所构建知识产权管理体系成熟度模型的三维结构、等级划分与典型特征及流程设计。成熟度是一种典型评价管理绩效的方法，由于其具有定量、精炼的特点，而广泛被推广使用。随着管理学理论和实践的不断发展，目前应用于管理评价领域的成熟度模型和评价方法有30余种，如美国卡纳基·梅隆大学于1986年提出的用于软件开发过程和开发能力评价的成熟度模型CMM模型、著名项目管理专家Harold Kerzner博士提出的项目管理成熟度模型K-PMMM等，这些成熟度模型均在各自领域发挥出了重要的作用。

5.1.1 IP-3M的三维结构

本书引入了项目管理领域的成熟度模型，结合知识产权管理体系的特点和诸多要求，构建了五个管理成熟度等级，旨在实现对企业知识产权管理绩效的考察和量化评价，这五个成熟度等级分别对应企业知识产权管理体系成熟度，依次由低向高递增。IP-3M可以清晰地刻画出管理体系的阶梯目标要求，针对企业从低阶等级向高阶等级的演进明确了具体路径，通过系统梳理和量化评价当期企业拥有的知识产权特征能力，可以让企业内部及相关方精准理解当前知识产权管理体系状态，对照标准文本或处于高阶成熟度企业之间的差距，找到持续改进的方向和具体路径。本书提出的IP-3M模型，首先基于目标企业实际的知识产权管理现状，严格按照标准GB/T 29490—2013《企业知识产权管理规范》中对知识产权管理体系的要求，分别从成熟度等级维、关键过程维、目标管理维三个维度进行构建。该模型的建立还需基于过程方法的应用，结合企业实际知识产权管理活动，进而基于PDCA循环理论总结出体系构成所需的11个关键过程，并按照策划（P）、实施（D）、检查（C）和改进（A）进行组合。企业IP-3M三维模型结构如图5.1所示。

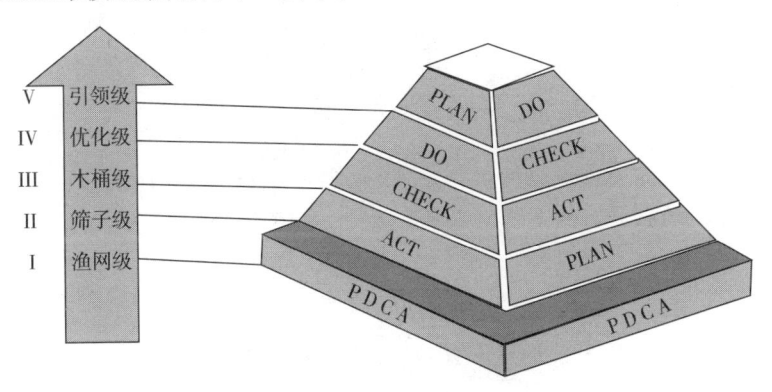

图5.1 IP-3M的三维结构

1）维度一：知识产权管理体系成熟度等级层面

该维度包含了第Ⅰ级、第Ⅱ级、第Ⅲ级、第Ⅳ级和第Ⅴ级五个层级，为了形象地表达知识产权管理体系成熟度，将这五级定义为"渔网级、筛子级、木桶级、优化级和引领级"五个层次，成熟度等级表示了管理水平从混沌到成熟的过程，成熟度的不断升级就代表了管理水平的升级过程及其相应的绩效程度。五个成熟度层级之间的关系如图5.2所示。

[Ⅰ ——— Ⅱ ——— Ⅲ ——— Ⅳ ——— Ⅴ]

渔网级　筛子级　木桶级　优化级　引领级　领头羊

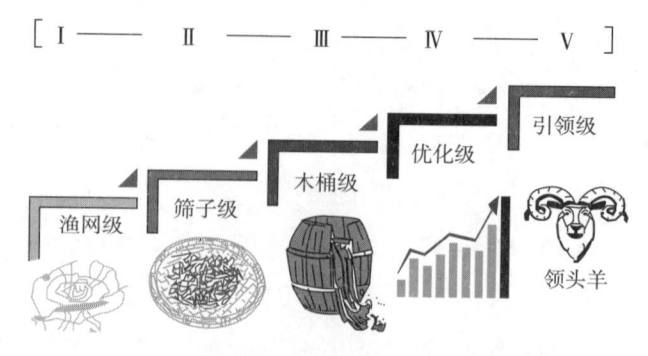

图5.2　知识产权管理体系成熟度的等级划分

2）维度二：关键过程层面

第二个维度是关键过程层面。包含基于PDCA循环理论构建的四个阶段来定义的11个知识产权关键活动过程（见本书第4章），过程间结构关系详见图5.3所示。

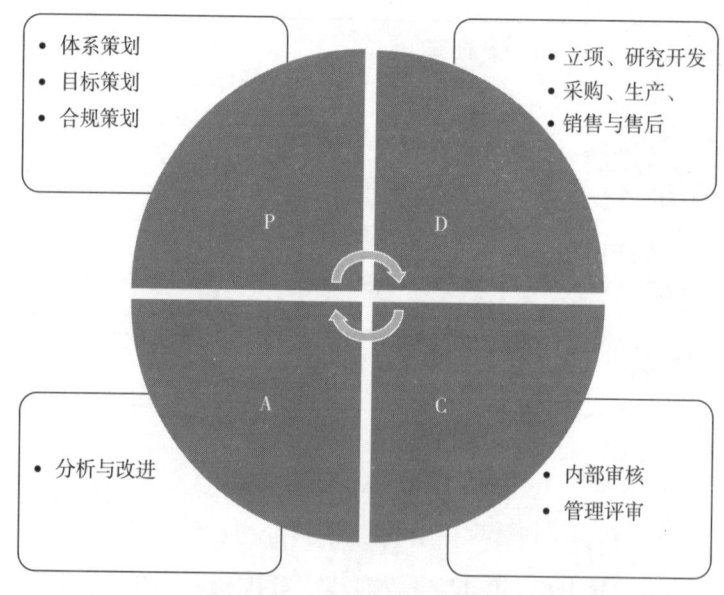

P：
- 体系策划
- 目标策划
- 合规策划

D：
- 立项、研究开发
- 采购、生产、销售与售后

A：
- 分析与改进

C：
- 内部审核
- 管理评审

图5.3　PDCA循环中知识产权管理关键过程的结构图

3）维度三：目标管理层面

该维度包含了以知识产权创造、运用、保护和管理为目标的管理内容。目标管理层示意图见图5.4。

第5章 高新技术企业知识产权管理体系成熟度评价

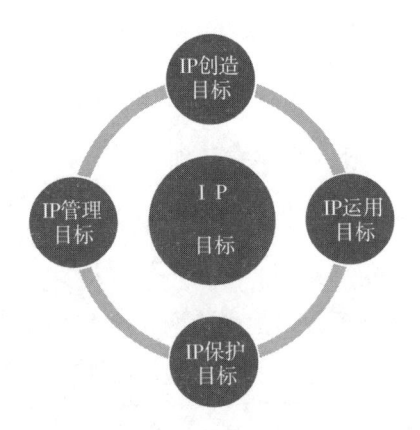

图5.4 知识产权管理体系成熟度模型的目标管理内容

5.1.2 知识产权管理体系成熟度等级和典型特征

本章的IP-3M模型的成熟度等级是由企业知识产权创造、运用、保护和管理发展的各阶段被定义、管理、测量和控制的程度所决定的，表明了企业知识产权系统的绩效。不同等级各自代表一个管理水平程度，每个等级包含组织达到的过程目标。企业IP-3M的成熟度等级、含义、特征如表5.1所示。各成熟度级别的特征详细描述如下。

表5.1 知识产权管理体系成熟度等级的含义与特征

等级名称	含义	特征
引领级	体系规范的要求已全面贯穿企业，各类资源得到充沛保障，企业发展不断突破地域和外部环境的影响，成为所属行业的示范，引领着整个行业的快速发展	动态优化IP管理
优化级	企业内研、产、供、销主系统及配套人力资源等支撑系统开始按照规范集成，通过协同的集成系统，较高质量的管理体系已经搭建	主动IP管理
木桶级	各项IP活动按照规范执行，在少数过程和活动中，与有条件的企业相比仍有部分差距	有意识IP管理
筛子级	形成了IP规划，针对研发、生产、销售等主要经营环节制订了制度规范，但基础管理较为薄弱	被动IP管理
渔网级	IP规划和资源投入未经系统策划，无主动意识地开展了部分IP管理活动	无意识IP管理

1) Ⅰ级——渔网级

在这个级别下，企业对知识产权管理体系的规划和资源投入没有经过系统策划，即使部分核心过程有一定体系基础，也是无主动意识的 IP 管理行为。渔网级企业只是具备实施规范知识产权管理活动的低层次的基础条件，还未真正进入到知识产权管理规范序列。正如一张渔网，网孔较大，能够取得的管理成效与网孔及漏洞的大小成反比，但无论网孔再大，漏洞再多，有规律的纵横交织的线网亦构成了知识产权管理1.0的版本。

2) Ⅱ级——筛子级

在这个级别下，企业已形成了知识产权管理的规划，针对各项知识产权活动被动制定了相应的制度和规范，涵盖了企业研发、生产、销售等主要经营环节，但由于各项资源保障能力有限，基础管理较为薄弱。表征为各项管理活动均具备了一定的体系保障能力，但仍显羸弱，根基不深、马步不稳，就像一个筛子，相对于渔网，网孔更显致密和规律，可网住的成果更多，但依然细沙满地。

3) Ⅲ级——木桶级

在这个级别下，企业对知识产权管理的重视程度已经深入至生产经营的各个环节，所有管理过程均能遵循PDCA过程模式开展，企业围绕知识产权方针和目标，已经开始有计划、有针对性地在人力资源、财务资源、信息资源等资源配置方面定向投入，企业内部已经意识到知识产权战略导向的作用，最高管理者和管理层开始发挥领导作用，并带领全员参与到各项活动和目标达成的工作中。但此时的管理体系建设受到企业自身局限和业务活动的局限，在少部分过程和活动中，与有条件的企业相比仍有部分差距。就像木桶一般，已经可以用于盛水装沙而不漏，但桶边亦有短板成为制约其满载的缺陷。

4) Ⅳ级——优化级

在这个级别下，企业内研、产、供、销主系统及配套人力资源等支撑系统开始集成，通过协同的集成系统，较高质量的管理体系已经初步搭建。从Ⅲ级到Ⅳ级体现了量变到质变的过程，针对Ⅲ级中存在的缺陷，不断优化、补齐短板，企业知识产权管理的能力快速提升，与企业生产经营活动实现了有机融合。

5）Ⅴ级——引领级

引领级是企业知识产权管理体系建设的标杆和最高等级，该级别下的企业，各类资源充分保障，各种活动严格规范，持续改进的理念充分落实。企业的各项管理过程和活动始终按照PDCA过程模式开展，简洁、高效、风险可控的体系建设目标已经达成，持续改进和保持体系始终有效性的良性循环不断体现。企业不断突破地域和发展外部环境的影响，成为所属行业的示范，引领着整个行业的快速发展。

企业搭建知识产权管理体系时应遵循以下三个原则：一是应注重简洁、高效、适用及风险可控的原则。企业应结合实际业务需求和内部资源保障情况量身构建。二是应注重循序渐进、逐级递增的原则。在体系优化升级的进程中，切忌好高骛远，跨越冒进。三是应注重充分融合，避免孤岛的原则。企业在构建知识产权管理体系时要主动与企业已有的质量、环境、能源等管理体系融合，避免形成管理体系的"两张皮"现象。

5.2 知识产权管理体系成熟度评价方法研究

本节将基于所构建的IP-3M开展评价方法研究。首先，明确评价指标体系的建立原则与框架结构；然后，确定评价指标体系并明确评价规则；在此基础上，提出决策实验与评价实验室法和二元语义信息表示模型相结合的知识产权管理体系成熟度综合评价方法。

5.2.1 评价指标体系的框架结构

由于高新技术企业知识产权管理水平的研究受到企业内外部环境、管理基础等诸多因素的影响，为了得到实际应用的指标体系以符合评价对象的实际情

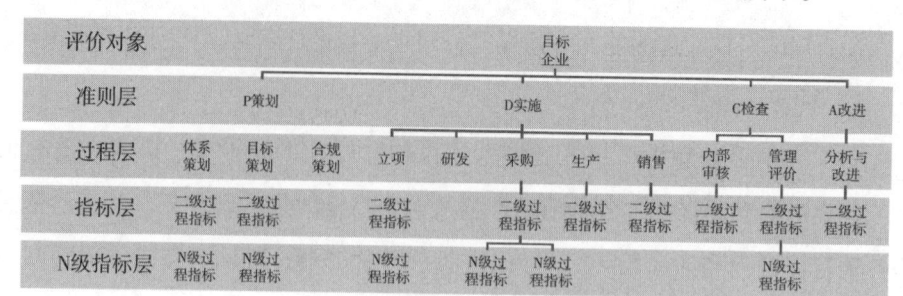

况，具有可操作性，本章采用三层的菜单式框架结构，如图5.5所示。

评价对象	目标企业										
准则层	P策划			D实施						C检查		A改进
过程层	体系策划	目标策划	合规策划	立项	研发	采购	生产	销售	内部审核	管理评价	分析与改进
指标层	二级过程指标	二级过程指标	二级过程指标	二级过程指标	二级过程指标	二级过程指标	二级过程指标	二级过程指标	二级过程指标	二级过程指标	二级过程指标
N级指标层	N级过程指标	N级过程指标	N级过程指标	N级过程指标	N级过程指标	N级过程指标	N级过程指标	N级过程指标	N级过程指标	N级过程指标	N级过程指标

图5.5 评价指标体系的框架结构

1）准则层

作为知识产权管理体系成熟度的直接衡量依据，准则层也是其他各级指标的划分基础，由准则层得出的综合评价结果就是企业在知识产权创造、运用、保护和管理方面的综合管理能力的成熟度。本章根据高新技术企业知识产权管理的现实情况，采用持续改进的PDCA循环四个阶段作为依据，划分为PDCA（策划、实施、检查和改进）四个准则，分别记为C_1、C_2、C_3和C_4。

2）过程层

过程层是在上述基于PDCA循环理论为基础准则层的活动过程分解，按照PDCA（策划、实施、检查和改进）四个准则要求，结合企业实际开展知识产权管理体系的活动规律，细化出11个关键过程。这些关键过程都是企业实际开展知识产权管理活动的日常行为，容易操作。例如准则C_1可以细化为n_1个过程，则其中的过程可记为X_1^1、$X_2^1 \cdots X_{n_1}^1$。在研究、总结相关国际推荐标准和准则以及前人研究的基础上，本章借鉴了企业实践中的惯常做法，通过调查问卷的形式确认了11个关键过程作为评价维度，分别隶属于四个评价准则。

3）指标层

指标层的设定是对过程层的进一步细化，尤其是对过程层涉及的活动存在难理解、难描述问题时，可以对其进行进一步分解，增加过程的可实现性。所有增加的过程列入指标层。以过程X_1^1为例，若其需要进一步分解，可将其细

化为 m_1 个指标，分别记作 X_{11}^1、$X_{12}^1\cdots X_{1m_1}^1$。本章考虑到企业实际实践，对每一个指标进行了分解，详见下节的研究。

对指标层的分解可以不拘泥于指标数量设置，针对过程层的每一个过程可分解为多个指标。直到分解的指标能够指导企业具体的实践活动和管理者结合指标可以开展具体的工作为止，否则可以继续细化分解。指标的设定应尽可能多的征求一线人员的意见，避免缺失和歧义。

5.2.2 评价指标体系及评价规则设计

对于IP-3M的关键过程，与之相对应的是评价指标，这些评价指标的评价目标值正是高新技术企业知识产权管理追求的理想目标。结合上节给出的评价指标体系建立原则和框架结构，设计了如表5.2所示的知识产权管理体系成熟度评价指标体系。

表5.2　知识产权管理体系成熟度评价指标体系

准则	过程	指标
策划（C_1）	体系策划（X_1^1）	管理体系对知识产权方针的适配度（X_{11}^1） 知识产权管理活动覆盖全面性（X_{12}^1） 知识产权管理活动开展的有效性（X_{13}^1） 知识产权管理活动持续改进有效性（X_{14}^1）
	目标策划（X_2^1）	知识产权目标与方针的一致性（X_{21}^1） 知识产权目标明确性（X_{22}^1） 知识产权各阶段目标的层次性（X_{23}^1） 知识产权目标可测度（X_{24}^1）
	合规策划（X_3^1）	适用法律法规获取渠道权威性（X_{31}^1） 适用法律法规台账完整性（X_{32}^1） 适用法律法规更新及时性（X_{33}^1） 适用法律法规员工获知度（X_{34}^1）

续表

准则	过程	指标
实施（C_2）	立项（X_1^2）	立项中知识产权信息收集的全面性（X_{11}^2） 明确项目及产品潜在合作伙伴和竞争对手（X_{12}^2）立项中风险评估的全面性（X_{13}^2） 立项中对知识产权风险的预算准备（X_{14}^2）
	研究开发（X_2^2）	研发中知识产权信息的检索分析利用程度（X_{21}^2） 研发中的知识产权规划程度（X_{22}^2） 结合知识产权风险调整研究开发策略及时性（X_{23}^2） 研发成果的知识产权保护及时性（X_{24}^2） 研发活动中知识产权记录规范性（X_{25}^2）
	采购（X_3^2）	采购活动中对知识产权信息收集的全面性（X_{31}^2） 供方信息的管理和保密规范性（X_{32}^2） 进货渠道信息的管理和保密规范性（X_{33}^2） 进价策略信息的管理和保密规范性（X_{34}^2） 采购合同中知识产权风险的规避性（X_{35}^2）
	生产（X_4^2）	生产阶段对技术改进和创新的评估及时性（X_{41}^2） 生产阶段对知识产权保护的及时性（X_{42}^2）
	生产（X_4^2）	对外协作生产中的知识产权风险防控（X_{43}^2） 生产阶段知识产权记录的管理有效性（X_{44}^2）
	销售和售后（X_5^2）	产品售前知识产权信息的审查和分析（X_{51}^2） 产品促销商业活动知识产权保护方案全面性（X_{52}^2） 销售市场中对知识产权风险的监控有效性（X_{53}^2） 知识产权风险方案调整及时性（X_{54}^2）
检查（C_3）	内部审核（X_1^3）	定期开展知识产权内部审核的机制（X_{11}^3） 知识产权内部审核的全面性（X_{12}^3） 知识产权内部审核的深入性（X_{13}^3） 知识产权内部审核的效果和质量（X_{14}^3）
	管理评审（X_2^3）	管理评审开展周期合理性（X_{21}^3） 管理评审输入的全面性（X_{22}^3） 管理评审的全面性（X_{23}^3） 管理评审的深入性（X_{24}^3） 管理评审的效果和质量（X_{25}^3）

续表

准则	过程	指标
改进（C_4）	分析与改进（X_1^4）	分析改进活动开展的主动性（X_{11}^4） 分析改进活动开展的深入程度（X_{12}^4） 分析改进活动开展的质量和效果（X_{13}^4）

在设计知识产权管理体系成熟度评价规则时，考虑到表5.2中目标、准则、过程和指标多为定性描述型，更适宜采用语言短语来评价高新技术企业在目标层、准则层、过程层及指标层的表现。假设 $S=\{S_1: \text{VL}（\text{Very Low}），S_2: \text{L}（\text{Low}），S_3: \text{M}（\text{Mediate}），S_4: \text{VH}（\text{Very High}），S_5: \text{H}（\text{High}）\}$ 为预先设定的语言短语评价集合，用来刻画高新技术企业在知识产权管理体系成熟度评价指标的具体表现，并采用逐层递归的方式获取高新技术企业知识产权管理体系成熟度在指标层、过程层、准则层及目标层的表现。同时，建立目标层中知识产权管理体系成熟度等级与语言短语评价集合的映射关系，即{I级：渔网级→S_1：VL，II级：筛子级→S_2：L，III级：木桶级→S_3：M，IV级：优化级→S_4：H，V级：引领级→S_5：VH}，以便根据最终获取的知识产权管理体系成熟度综合评价结果来明确高新技术企业知识产权管理体系成熟度的等级水平。

5.2.3 综合评价方法的设计

结合所构建的IP-3M，提出决策实验与评价实验室（Decision Making Trial and Evaluation Laboratory，DEMATEL）法和二元语义信息表示模型相结合的知识产权管理体系成熟度综合评价方法。首先给出相关的符号定义，然后给出该方法的计算流程与具体步骤。

1）符号定义

这里采用如下符号来描述高新技术企业知识产权成熟度评价问题所涉及的集合和量。

$C=\{C_1, C_2, \cdots, C_l\}$：知识产权管理体系成熟度评价准则集合，其中，$C_a$表示第$a$个评价准则，$a=1, 2, \cdots, l$。

$X^a = \{X_1^a, X_2^a, \cdots, X_{n_a}^a\}$：知识产权管理体系成熟度评价过程集合，其中，$X_d^a$ 表示第 a 个评价准则下第 d 个评价过程，$d = 1, 2, \cdots, n_a$；$a = 1, 2, \cdots, l$。不失一般性，对各个评价准则下评价过程的个数不做硬性要求，即 n_a 与 n_b 可以相同也可以不同，$a, b = 1, 2, \cdots, l$。

$X_d^a = \{X_{d1}^a, X_{d2}^a, \cdots, X_{dm_d}^a\}$：知识产权管理体系成熟度评价指标集合，其中，$X_{di}^a$ 表示第 a 个评价准则的第 d 个评价过程下第 i 个评价指标，$i = 1, 2, \cdots, m_d$；$d = 1, 2, \cdots, n_a$；$a = 1, 2, \cdots, l$。同样地，对各个评价准则的评价过程下的评价指标个数不做硬性要求，即 m_d 与 m_f 可以相同也可以不同，$d, f = 1, 2, \cdots, n_a$；$a = 1, 2, \cdots, l$。

$E = \{E_1, E_2, \cdots, E_h\}$：知识产权管理体系成熟度评价调查对象集合，其中，$E_k$ 表示第 k 个调查对象，$k = 1, 2, \cdots, h$。

$S = \{S_1, S_2, \cdots, S_g\}$：语言短语评价集合，其中，$S_u$ 表示第 u 个语言短语，用来刻画高新技术企业在知识产权管理体系成熟度评价的表现、调查对象的重要性及评价指标之间、评价过程之间和评价准则之间的内在关联程度，$u = 1, 2, \cdots, g$。

$V = (v_1, v_2, \cdots, v_h)^T$：知识产权管理体系成熟度评价调查对象的权重向量，其中，v_k 刻画了调查对象 E_k 的重要性，$v_k \in S$，$k = 1, 2, \cdots, h$。通常情况下，v_k 由知识产权管理体系成熟度评价活动的组织者集体会商后给出。

$R_d^a = [r_{dij}^a]_{m_d \times m_d}$：同一准则同一过程下评价指标的关联矩阵，其中，$r_{dij}^a$ 表示第 a 个准则第 d 个过程下评价指标 X_{di}^a 和 X_{dj}^a 之间的关联程度，$r_{dij}^a \in S$，$i, j = 1, 2, \cdots, m_d$；$d = 1, 2, \cdots, n_a$；$a = 1, 2, \cdots, l$。通常情况下，r_{dij}^a 由知识产权管理体系成熟度评价活动的组织者集体会商后确定，这里不考虑评价指标自身的关联，记 $r_{dii}^a = '—'$，$i = 1, 2, \cdots, m_d$；$d = 1, 2, \cdots, n_a$；$a = 1, 2, \cdots, l$。

$R^a = [r_{df}^a]_{n_a \times n_a}$：同一准则下评价过程的关联矩阵，其中，$r_{df}^a$ 表示第 a 个准则下评价过程 X_d^a 和 X_f^a 之间的关联程度，$r_{df}^a \in S$，$d, f = 1, 2, \cdots, n_a$；$a = 1, 2, \cdots, l$。

同样地，r_{dd}^a 也由知识产权管理体系成熟度评价活动的组织者集体会商后确定，这里不考虑评价过程自身的关联，记 $r_{dd}^a = {'}{-}{'}$，$d = 1, 2, \cdots, n_a$；$a = 1, 2, \cdots, l$。

$R = [r_{ab}]_{l \times l}$：评价准则的关联矩阵，其中，$r_{ab}$ 表示评价准则 C_a 和 C_b 之间的关联程度，$r_{ab} \in S$，$a, b = 1, 2, \cdots, l$。同样地，r_{ab} 也由知识产权管理体系成熟度评价活动的组织者集体会商后确定，这里不考虑评价准则自身的关联，记 $r_{aa} = {'}{-}{'}$，$a = 1, 2, \cdots, l$。

$Y_d^a = [y_{kdi}^a]_{h \times m_d}$：知识产权管理体系成熟度指标评价矩阵，其中，$y_{kdi}^a$ 表示调查对象 E_k 对被调查高新技术企业在知识产权管理体系成熟度评价指标 X_{di}^a 的表现给出的评价信息，$y_{kdi}^a \in S$，$k = 1, 2, \cdots, h$；$i = 1, 2, \cdots, m_d$；$d = 1, 2, \cdots, n_a$；$a = 1, 2, \cdots, l$。

基于上面的论述，本章要解决的问题是根据已知的评价指标关联矩阵 R_d^a、评价过程关联矩阵 R^a、评价准则关联矩阵 R、评价调查对象的权重向量 V 及知识产权管理体系成熟度评价矩阵 Y_d^a，如何设计综合评价方法来明晰高技术企业知识产权管理体系成熟度的等级。

2）综合评价方法的计算流程与具体步骤

基于上述符号定义，下面将给出DEMATEL法与二元语义信息表示模型相结合的知识产权管理体系成熟度综合评价方法，通过如下三个阶段的量化工作来完成知识产权管理体系成熟度的综合评价。

（1）阶段一：相关信息的处理与集结。

该阶段主要借鉴二元语义信息表示模型（Herrera and Martínez，2001；Herrera and Martínez，2000）来进行语言短语形式相关信息的处理。该模型建立在符号转换的概念基础上，将语言短语表示为二元组 (S_i, α)，其中，S_i 表示语言短语集合 S 中的语言短语，α 为符号转移值，表示二元语义与预先定义语言短语 S_i 的偏差，且有 $\alpha \in [-0.5, 0.5)$。与其他语言短语处理方法相比，二元语义信息表示模型能够有效地避免信息处理过程中的信息损失和失真，还能够保证得到的结果可以完全映射到初始语言短语集合（Herrera and Martínez，

2000)。

首先，利用二元语义转化公式（Herrera and Martínez，2001；Herrera and Martínez，2000）将语言短语形式的评价指标关联信息 r_{dij}^a、评价过程关联信息 r_{df}^a、评价准则关联信息 r_{ab}、评价调查对象的权重信息 v_k 以及成熟度指标评价信息 y_{kdi}^a 转化为二元语义形式的信息 $\tilde{r}_{dij}^a$、$\tilde{r}_{df}^a$、$\tilde{r}_{ab}$、$\tilde{v}_k$ 和 $\tilde{y}_{kdi}^a$。

$$\theta: S \rightarrow S \times [-0.5, 0.5) \tag{5.1}$$

$$\tilde{r}_{dij}^a = \theta(r_{dij}^a) = (r_{dij}^a, 0) \tag{5.2}$$

$$\tilde{r}_{df}^a = \theta(r_{df}^a) = (r_{df}^a, 0) \tag{5.3}$$

$$\tilde{r}_{ab} = \theta(r_{ab}) = (r_{ab}, 0) \tag{5.4}$$

$$\tilde{v}_k = \theta(v_k) = (v_k, 0) \tag{5.5}$$

$$\tilde{y}_{kdi}^a = \theta(y_{kdi}^a) = (y_{kdi}^a, 0) \tag{5.6}$$

这里有 $r_{dij}^a \in S$，$r_{df}^a \in S$，$r_{ab} \in S$，$v_k \in S$，$y_{kdi}^a \in S$，$i,j = 1, 2, \cdots, m_d$；$d, f = 1, 2, \cdots, n_a$；$k = 1, 2, \cdots, h$；$a = 1, 2, \cdots, l$。

然后，利用二元语义加权平均算子（Herrera and Martínez，2001；Herrera and Martínez，2000）来进行二元语义形式成熟度指标评价信息 $\tilde{y}_{kdi}^a$ 与评价调查对象权重 $\tilde{v}_k$ 的群体意见集结，得到成熟度指标群体评价信息 $\tilde{y}_{di}^a$，其计算公式为

$$\tilde{y}_{di}^a = (y_{di}^a, \alpha_{di}^a) = \frac{\sum_{k=1}^{h}[\Delta^{-1}(v_k, 0) \times \Delta^{-1}(y_{kdi}^a, 0)]}{\sum_{k=1}^{h}[\Delta^{-1}(v_k, 0)]} \tag{5.7}$$

式中，$y_{di}^a \in S$；$\alpha_{di}^a \in [-0.5, 0.5)$；$i = 1, 2, \cdots, m_d$；$d = 1, 2, \cdots, n_a$；$a = 1, 2, \cdots, l$。

（2）阶段二：权重的确定。

该阶段主要借鉴DEMATEL法（Fontela and Gabus，1976；Gabus and Fontela，1973；Gabus and Fontela，1972）的思想来分别分析评价指标之间、评价过程之间以及评价准则之间存在的内在关联，并借助二元语义信息表示模型（Herrera and Martínez，2001；Herrera and Martínez，2000）来处理语言短语形

式的关联信息，进而根据关联分析结果来分别确定评价指标、评价过程和评价准则的权重。

首先，分别对转化后的二元语义形式评价指标关联矩阵 $\tilde{R}_d^a$、评价过程关联矩阵 $\tilde{R}^a$ 和评价准则关联矩阵 $\tilde{R}$ 进行规范化处理，构建评价指标规范化关联矩阵 $Z_d^a = [z_{dij}^a]_{m_d \times m_d}$、评价过程规范化关联矩阵 $Z^a = [z_{df}^a]_{n_a \times n_a}$ 和评价准则规范化关联矩阵 $Z = [z_{ab}]_{l \times l}$，其中，$z_{dij}^a$、$z_{df}^a$ 和 z_{ab} 的计算公式分别为

$$z_{dij}^a = \frac{\Delta^{-1}(r_{dij}^a, 0)}{\max_{1 \leqslant i \leqslant m_d}\{\sum_{j=1}^{m_d}[\Delta^{-1}(r_{dij}^a, 0)]\}} \tag{5.8}$$

$$z_{df}^a = \frac{\Delta^{-1}(r_{df}^a, 0)}{\max_{1 \leqslant d \leqslant n_a}\{\sum_{f=1}^{n_a}[\Delta^{-1}(r_{df}^a, 0)]\}} \tag{5.9}$$

$$z_{ab} = \frac{\Delta^{-1}(r_{ab}, 0)}{\max_{1 \leqslant a \leqslant l}\{\sum_{b=1}^{l}[\Delta^{-1}(r_{ab}, 0)]\}} \tag{5.10}$$

这里有 $0 < z_{dij}^a < 1$，$0 < z_{df}^a < 1$，$0 < z_{ab} < 1$，$i, j = 1, 2, \cdots, m_d$；$d, f = 1, 2, \cdots, n_a$；$k = 1, 2, \cdots, h$；$a = 1, 2, \cdots, l$。由马尔可夫矩阵吸收性可知矩阵 Z_d^a、Z^a 和 Z 满足如下性质（Fontela and Gabus，1976；Gabus and Fontela，1973；Gabus and Fontela，1972）：① $\lim_{\tau \to \infty}(Z_d^a)^\tau = O$，$\lim_{\tau \to \infty}(Z^a)^\tau = O$，$\lim_{\tau \to \infty}Z^\tau = O$；② $\lim_{\tau \to \infty}[I + Z_d^a + (Z_d^a)^2 + \cdots + (Z_d^a)^\tau] = (I - Z_d^a)^{-1}$，$\lim_{\tau \to \infty}[I + Z^a + (Z^a)^2 + \cdots + (Z^a)^\tau] = (I - Z^a)^{-1}$，$\lim_{\tau \to \infty}(I + Z + Z^2 + \cdots + Z^\tau) = (I - Z)^{-1}$，其中，$O$ 为零矩阵，I 为恒等矩阵。

然后，基于上述性质分别构建评价指标综合关联矩阵 T_d^a、评价过程综合关联矩阵 T^a 和评价准则综合关联矩阵 T，其计算公式分别为

$$T_d^a = \lim_{\tau \to \infty}[Z_d^a + (Z_d^a)^2 + \cdots + (Z_d^a)^\tau] = Z_d^a(I - Z_d^a)^{-1} \tag{5.11}$$

$$T^a = \lim_{\tau \to \infty}[Z^a + (Z^a)^2 + \cdots + (Z^a)^\tau] = Z^a(I - Z^a)^{-1} \tag{5.12}$$

$$T = \lim_{\tau \to \infty}(Z + Z^2 + \cdots + Z^\tau) = Z(I - Z)^{-1} \tag{5.13}$$

在此基础上，基于综合关联矩阵分别计算评价指标的中心度 p_{di}^a、评价过

程的中心度 p_d^a 和评价准则的中心度 p_a，其计算公式分别为

$$p_{di}^a = \sum_{i=1}^{m_d} t_{dij}^a + \sum_{i=1}^{m_d} t_{dji}^a \tag{5.14}$$

$$p_d^a = \sum_{d=1}^{n_a} t_{df}^a + \sum_{d=1}^{n_a} t_{fd}^a \tag{5.15}$$

$$p_a = \sum_{a=1}^{l} t_{ab} + \sum_{a=1}^{l} t_{ba} \tag{5.16}$$

这里，评价指标中心度刻画了该指标在整个指标层中所起作用的大小，评价过程中心度刻画了该维度在整个过程层中所起作用的大小，评价准则中心度刻画了该准则在整个准则层中所起作用的大小，中心度值越大，则表明重要性越高。

进一步地，以中心度为依据分别测算评价指标权重 w_{di}^a、评价过程权重 w_d^a 和评价准则权重 w_a，其计算公式分别为

$$w_{di}^a = \frac{p_{di}^a}{\sum_{i=1}^{m_d} p_{di}^a} \tag{5.17}$$

$$w_d^a = \frac{p_d^a}{\sum_{d=1}^{n_a} p_d^a} \tag{5.18}$$

$$w_a = \frac{p_a}{\sum_{a=1}^{l} p_a} \tag{5.19}$$

这里，$i = 1, 2, \cdots, m_d$；$d = 1, 2, \cdots, n_a$；$a = 1, 2, \cdots, l$。

（3）阶段三：评价信息的逐层递归。

该阶段将借鉴二元语义信息表示模型（Herrera and Martínez，2001；Herrera and Martínez，2000）相关集结算子的思想来完成知识产权管理体系成熟度评价信息的逐层递归，根据成熟度评价指标的评价信息递归出评价过程、评价准则、评价目标的评价信息，最终确定知识产权管理体系成熟度的等级水平。

首先，利用二元语义加权平均算子（Herrera and Martínez，2001；Herrera and Martínez，2000）来进行成熟度指标群体评价信息 $\tilde{y}_{di}^a$ 与评价指标权重 w_{di}^a 的

加权集结，得到成熟度过程评价信息 $\tilde{y}_d^a$，其计算公式为

$$\tilde{y}_d^a = (y_d^a, \alpha_d^a) = \Delta\left(\sum_{i=1}^{m_d}[w_{di}^a \times \Delta^{-1}(y_{di}^a, \alpha_{di}^a)]\right) \tag{5.20}$$

这里有 $y_d^a \in S$，$\alpha_d^a \in [-0.5, 0.5)$；$d = 1, 2, \cdots, n_a$；$a = 1, 2, \cdots, l$。

然后，同样利用二元语义加权平均算子（Herrera and Martínez，2001；Herrera and Martínez，2000）来进行成熟度过程评价信息 $\tilde{y}_d^a$ 与评价过程权重 w_d^a 的加权集结，得到成熟度准则评价信息 $\tilde{y}_a$，其计算公式为

$$\tilde{y}_a = (y_a, \alpha_a) = \Delta\left(\sum_{d=1}^{n_a}[w_d^a \times \Delta^{-1}(y_d^a, \alpha_d^a)]\right) \tag{5.21}$$

这里有 $\tilde{y}_a \in S$，$\alpha_a \in [-0.5, 0.5)$，$a = 1, 2, \cdots, l$。

在此基础上，利用二元语义加权平均算子（Herrera and Martínez，2001；Herrera and Martínez，2000）来进行成熟度准则评价信息 $\tilde{y}_a$ 与准则过程权重 w_a 的加权集结，得到成熟度综合评价信息 $\tilde{y}$，其计算公式为

$$\tilde{y} = (y, \alpha) = \Delta\left(\sum_{a=1}^{l}[w_a \times \Delta^{-1}(y_a, \alpha_a)]\right) \tag{5.22}$$

这里有 $\tilde{y} \in S$，$\alpha \in [-0.5, 0.5)$，从而可根据综合评价信息 $\tilde{y}$ 来确定高新技术企业知识产权管理体系成熟度的等级水平。

5.3 IP-3M 的基本应用步骤

为了保障企业知识产权管理体系成熟度评价的有效性，必须制定系统、科学、严谨的评价步骤。结合企业的实际情况，我们一般采用问题为导向，即通过分析和诊断企业管理现状，找到问题和差距，进而通过分析，确定改进的重点，有针对性地制定和实施改善计划。与之对应的提出成熟度模型评价过程。图 5.6 给出了企业 IP-3M 评价应用过程。

5.3.1 查现状

要科学、系统地评价企业知识产权管理水平，首先应对企业现状进行调

研，充分掌握企业现阶段的知识产权管理现状：

第一步，先针对被评价企业开展IP-3M模型培训。为开展信息收集和评价工作奠定基础。

第二步，评价者需要首先评估企业知识产权管理的现状，发现问题，对照IP-3M所描述的具体特征，识别当前状态，包括企业的具体指标优势、劣势。可以通过采用问卷调查或关键人员访谈来实现，经过对比分析，确定企业最初知识产权管理体系成熟度等级。

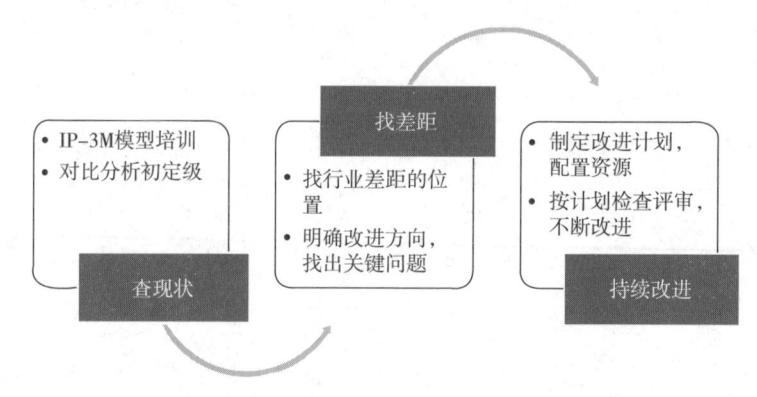

图5.6　知识产权管理体系成熟度模型的整体流程

5.3.2　找差距

企业最初知识产权管理体系成熟度等级确定后，与企业制定的目标等级进行对比，企业可以直观地看出距离目标级别的差距，据此有的放矢地制定重点改进计划。具体如下：

第一步，客观分析企业在知识产权管理方面的特征，确定企业的成熟度等级与行业平均水平之间的差距，通过差距分析，可以找准行业标杆和自己的位置。

第二步，通过对比找差距，进而找到通往行业领先级别的路径。明确需要改进的方向，管理者需对改进要点进行细化，找出关键问题，循序渐进、持续改进。

5.3.3 持续改进

企业需要编制系统的改善计划，并严格按照计划实施，定期检查和评价改进效果，判定是否达到跳跃到下一成熟度等级的条件。具体步骤如下：

第一步，系统制定改进计划，管理者要评估计划的可行性，针对计划保障实施的条件和资源，要进行优先配置和优化配置，保障各类改进计划有效实施。

第二步，组织人员通过内审检查计划的执行情况，坚定不移地执行既定的方案和计划。扎实推进每一个级别的改进工作，落实好各类问题的整改。当企业成功跃升到下一成熟度级别后，要定期组织再评审，通过对照高阶标准，持续找到改进的方向和动力，不断向引领级迈进，直到达到预期目标和水平。

通过 IP-3M 建立和评价工作开展，为企业知识产权管理体系的构建和绩效评价开拓了一个全新的视角。企业通过定期地开展评价活动，可以快速发现所处现状以及与行业标杆之间的差距。进而将这些差距作为企业持续改进的依据，为改善企业知识产权管理绩效找到了科学的路径和方法。

5.4 本章小结

本章在基于 PDCA 循环的企业知识产权管理评价体系的基础上，结合成熟度模型的相关理论，创新性引入项目管理领域的成熟度方法，结合高新技术企业知识产权管理体系的特征，提出了"渔网级—筛子级—木桶级—优化级—引领级"五个知识产权管理体系成熟度等级，进而构建了知识产权管理体系成熟度模型（IP-3M），并描述了该模型的三维结构、等级划分与典型特征及流程设计；然后，以 IP-3M 为基础开展了高新技术企业知识产权管理体系成熟度评价方法的研究，明确了评价指标体系的建立原则与框架结构、评价准则，给出了DEMATEL与二元语义信息表示模型相结合的知识产权管理体系成熟度综合评价方法，来明晰被评价高新技术企业知识产权管理体系成熟度的等级水平。通过对IP-3M基本应用步骤的分析和研究，说明企业知识产权管理是通过不断循环的成熟度的动态评价，来实现企业知识产权管理不断持续改进的目的。

第6章　实证研究：X公司IP-3M评价和应用研究

为了深入实施国家创新驱动发展战略，认真贯彻落实《国务院关于新形势下加快知识产权强国建设的若干意见》决策的相关部署，推动重点产业发展，提升知识产权附加值。2018年1月，国家知识产权局发布了《知识产权重点支持产业目录（2018年本）》。该目录确定了现代农业产业、新一代信息技术产业、智能制造产业、新材料产业等10个重点产业和62项细分领域，明确作为国家重点发展和亟须知识产权支持的重点产业，要求各部门和地区找准知识产权支撑产业，高效配置各类知识产权优势资源、集中发力、协同推进重点产业转型升级、创新发展。为使选取的实证研究对象更具应用性和示范效应，本章首先锁定了《知识产权重点支持产业目录》中新材料产业作为研究目标，在细分领域选取了半导体材料行业的X公司为具体研究对象开展实证研究，采用实地调研、调查问卷和综合评价方法，掌握了该企业的知识产权管理状况，并应用IP-3M确定了X公司知识产权管理体系成熟度等级，明确了企业知识产权管理改进的方向和策略。

6.1　我国硅基新材料行业发展分析

本节将从总体发展态势和机遇与挑战两个视角开展我国硅基新材料行业的发展分析。

6.1.1　硅基新材料行业发展总体态势

硅（Si）在地壳中是第二丰富的元素，构成地壳总质量的26.4%，仅次于氧（49.4%）。硅基材料广泛应用于电子信息、新能源、轨道交通、航空航天等各领域。硅基新材料产业涉及产品多（工业硅粉、金属硅、晶体硅、有机硅、光伏硅、人造石英晶体、石英玻璃、新型电光源、硅微粉等）、产业链长、跨产业门类（材料、能源、化工）复杂，属于典型的资金密集型、技术密集型、能源依赖型产业。该产业2018年被列入国家知识产权重点支持产业目录，也是全球性的战略性产业。

硅基新材料作为世界各国未来在电子信息和新能源等新兴产业发展急需的关键基础材料，近年来始终处于高速发展时期，在光伏、电子、计算机、通讯等电子信息产业，对硅基材料的依赖度非常高。以全球电子通信半导体市场为例，有超过九成的半导体元器件是由高纯硅材料制成，每年支撑超过2000亿美元的巨大市场需求。目前全球每年硅材料的贸易额超过5000亿美元。在硅基新材料产业领域，我国与世界发达国家还存在较大差距。以中国半导体硅片制造业为例，截至"十二五"末，我国目前的研发及制造能力，仍不能满足45纳米线宽集成电路以下的300毫米硅片量产需求。近3年国内光伏用多晶硅材料累计需求超80万吨，其中近50%来源于进口，总量达36万吨。而造成这一困境的瓶颈涉及硅基材料品质、高端产品设计和制造能力等诸多方面。近年来，中国在硅基新材料研发、转型升级等领域较发达国家的差距并未缩小。

6.1.2 我国硅基新材料行业发展的机遇与挑战

与中外在硅基新材料产业差距同步存在的另外一场竞争则是来自国际贸易方面。从2012年起，我国商务部宣布对美、韩两国多晶硅产品分别发起"双反"（反倾销、反补贴）调查。业内普遍认为，这是中国对其他国家屡屡采取类似举措的一次强硬反击。截至2017年，来自国际贸易方面的"双反"争议愈演愈烈。与诸多产业贸易战相类似的经历一再提醒国内多晶硅半导体材料产业企业，贸易战往往伴随或衍生出的是知识产权方面的战争，而在知识产权争端方面，中国企业往往会由于对知识产权规则应用得不够熟练、企业知识产权管理的"内功"不够扎实，而在知识产权战场和贸易战场上导致双输局面。

硅基新材料企业在知识产权等方面面临着巨大的风险和挑战。首先，硅基材料企业属于技术输入型产业，主要的核心技术和装备均来自欧美日韩等发达国家和地区，在产业合作和技术合作方面极易引发知识产权纠纷。其次，多晶硅贸易在我国长期属于"双反"的热点，由贸易摩擦引发的知识产权纠纷一触即发。有鉴于此，我国的硅基材料企业出于自身的民族产业社会责任感和企业自身发展危机意识的驱动，要求硅基新材料企业必须高度重视知识产权风险，及早构建企业知识产权管理体系，并长期致力于提高知识产权管理水平，以参与和应对日趋激烈的国际市场竞争。企业不仅要对标国际一流企业，不断完善自身体系建设，同时还需要寻找到攻守兼备的知识产权管理方式，应对好"双反"等贸易战争以及可能引发的知识产权战争，促进企业知识产权管理的持续改进和不断提高。

6.2 样本企业概况

本节主要从企业经营基本情况和知识产权工作基本情况两个方面说明样本企业X公司的概况。

6.2.1 企业经营基本情况

经过调研，访谈了X公司最高管理者、总工程师、知识产权主管，以及相关部门，收集和掌握了企业的发展战略、经营情况及知识产权工作的开展情况。具体情况如下。

X公司于2008年2月在新疆维吾尔自治区乌鲁木齐市高新区（新市区）注册成立，是专业从事硅基半导体新材料产品研发及技术应用的民营企业，2011年该企业被国家认定为高新技术企业。经过近10年的发展，现已发展成为全球硅基新材料产业的核心骨干企业。目前已形成年产30000吨高纯多晶硅的规模，位列中国第二，世界前四，高纯多晶硅质量全面达到电子级（硅的纯度为

99.9999999%~99.999999999%）水平。2015年12月，X公司成功在香港联合交易所主板正式上市交易，2017年度，销售收入突破100亿元，利润超10亿元。

经过多年发展，X公司员工超2000名，拥有中高级专业技术人员300余名，行业技术专家50余名，形成了一支创新能力强的科技研发队伍。企业自主建设了国家级企业技术中心、高纯硅材料国家地方联合工程研究中心、欧洲和北美两个海外研发中心等科研平台，公司建立了技术过硬、自主创新能力强的全球性研发团队，拥有无机衡量级实验室，可以满足多晶硅生产服务、光伏产品研发、半导体材料学研究。在绿色制造领域，公司是国内多晶硅行业及疆内唯一绿色制造体系（绿色工厂、绿色供应链、绿色产品）全覆盖企业；在智能制造领域，是行业唯一获批全国智能制造试点示范项目和智能制造新模式项目、光伏材料晶体硅制造与互联网融合试点示范企业。

公司先后承担国家科技支撑、国际科技合作、智能制造专项等国家各级科技攻关项目100余项，参与制定国内外行业标准69项；开发新产品、新工艺项目30余项；获得国家和省部级科技奖励70余项，包括3项中国专利奖，1项中国有色金属工业科学技术奖一等奖，3项自治区科技进步一等奖，先后被评为全国创新型示范企业、全国优秀循环经济企业、中国电子材料五十强及半导体材料专业十强企业。

X公司"十二五"末计划突破年产100000吨高纯多晶硅生产规模，最终目标是打造成为具有国际竞争力和品牌影响力的高纯、绿色、节能、环保、智能化硅基新材料供应基地。

6.2.2 企业知识产权工作基本情况

在知识产权工作方面，X公司制定了知识产权规划，以提升自主创新能力为主线，坚持将知识产权发展与提升公司竞争力相结合，持续加大对知识产权创造、保护、运营和管理的投入力度，使技术创新成果与知识产权保护很好地结合，有效提升了企业核心竞争力，提高了企业的市场占有率。2015年9月，公司顺利通过中知（北京）认证有限公司的知识产权管理体系审核，成为所在地区首家通过知识产权管理体系认证的企业，2016年9月首次完成了中知（北京）认证有限公司的监督审核工作，2017年9月再次通过知识产权监督审核，不断完善公司在知识产权体系管理方面的不足。

2013年起，X公司逐步开展建立了专利导航决策机制，公司依托自身技术和专利，针对产品的单项或多项关键技术开展综合分析导航，先后开展了"高纯晶体硅关键技术专利导航项目、准东煤关键技术专利运营导航项目、先进陶瓷材料关键技术专利导航等项目"。将专利分析工具和导航研究成果运用到产品技术攻关、企业发展决策等实施之中。将专利的布局、储备和运营等环节融入产品开发的全过程中，提高了重点产品的创新效率和运营效益。2014年8月，X公司在美国德拉华州注册北美研发中心，在德国慕尼黑注册欧洲研发中心，开展行业前沿新技术研发工作，收集和分析国外的相关知识产权信息，围绕重点技术，开展国外专利布局、组建重点专利池，积极申请国际专利，为企业国际开拓市场打好基础。2016年9月，公司购买了国际专业公司开发的《智慧芽专利管理系统》，实现了从提出发明申请、受理申请、审查、授权、年费、奖励到放弃等贯穿专利生命周期的流程管理，实现了企业知识产权科学、高效和精准管理。同时，公司2016年承担了国家专利产业化推进工程《知识产权管理体系与质量、环境、职业健康安全等管理体系融合研究》的多体系融合项目，进一步将知识产权管理融入企业的安全、生产、质量、管理和销售的各个环节中，形成一套科学合理、协调配套和技术先进的管理系统。

截至2017年底，该公司累计获得国内授权专利450余件、PCT国际专利6件，是国内同行业拥有自主知识产权专利技术最多的企业；该公司制定了知识产权规划，2015年通过中知（北京）认证有限公司的知识产权管理体系审核后，定期开展体系的内外部审核工作，并不断完善公司知识产权管理体系。先后被评为地方知识产权示范企业，国家知识产权优势企业等荣誉称号。该企业的知识产权管理组织机构如图6.1所示。

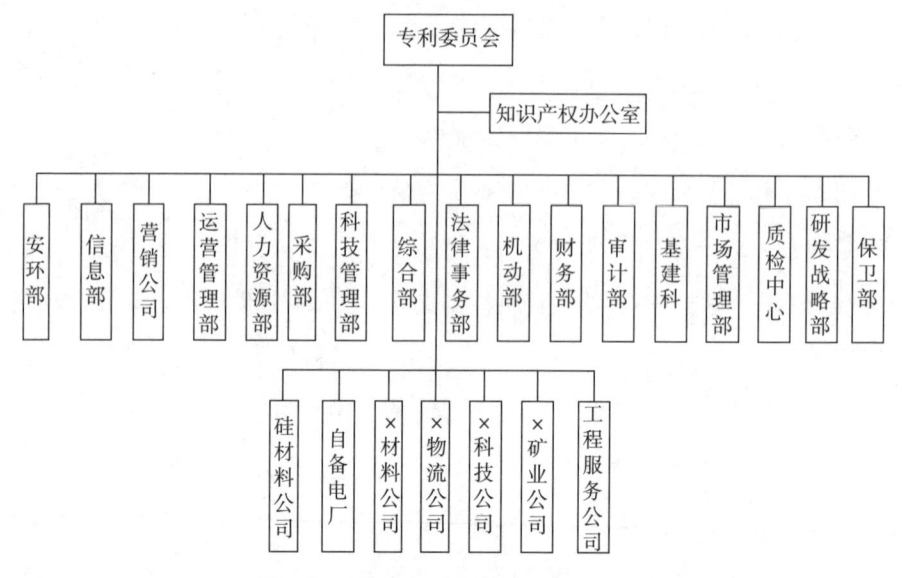

图6.1 企业知识产权管理组织机构图

本章通过对×公司知识产权管理工作的现场调研，采用现场访谈、问卷调查、综合评价等形式，分析和评价×公司知识产权管理体系成熟度，为企业后续知识产权管理体系完善提出具体对策和建议。

6.3 问卷调查与数据收集

为了保障对样本企业X公司知识产权管理体系成熟度评价工作的真实、有效，采用了现场访谈和问卷调查相结合的方法开展相关调研工作。

6.3.1 问卷设计

问卷设计密切结合IP-3M涉及的相关过程和要素，在问题设置方面与本书第5章构建的IP-3M评价指标体系保持一致，问题答案比照知识产权管理体系成熟度评价规则,采用五粒度语言短语集合 $S=\{S_1: VL（Very Low）, S_2: L（Low）, S_3: M（Mediate）, S_4: VH（Very High）, S_5: H（High）\}$ 来刻画对各评价指标的成熟度程度。

问卷包括两部分（见附录2），一是对受访问者基本情况的了解；二是通过各类指标现实情况的反馈，用以收集知识产权管理体系成熟度的评价结果。

6.3.2 问卷发放

本章的抽样调查采用随机抽样的方法，在X公司共发放240份，收回有效问卷210份。对问卷初步筛查后，确定有效问卷为200份，问卷有效率为95%，作为本章实证的主要分析数据基础。

6.3.3 样本分布

在被访的200名被调查者中，调查对象涉及10名高管（总经理、副总、总会计师、总工、总经理助理等），37名中层干部（企管部部长、副部长；科技管理部部长、副部长；财务部部长、部长助理；信息部部长；还原车间主任、副主任；原料车间主任等）；基层员工153名（研发专员、会计、党工干事、设备员、安全员、采购员、电器专工等）。

6.4 X公司知识产权管理体系成熟度评价

本节首先简要说明X公司的知识产权管理现状，然后给出X公司知识产权管理体系成熟度评价过程和结果的描述，在此基础上，开展X公司知识产权管理体系成熟度评价结果的多视角深度剖析，并提出相应的改善举措。

6.4.1 知识产权管理现状

X公司依据GB/T 29490—2013《企业知识产权管理规范》的要求，自行组织编制了公司知识产权管理体系文件。制定了"科技创新引领未来，促企业转型发展；知识产权创造价值，为企业保驾护航"的企业知识产权方针。在X公司开展了参观、调研等实地走访工作，选取了公司高管、中层干部和基层员工三个层级，分别进行了抽样访谈、集中问卷以及模拟体系审核的方式，对X公司的主要生产单位进行了调研分析，并开展了专题问卷调查。依据对现场调研情况和调查问卷统计的分析，X公司在知识产权管理体系成熟度各评价指标表现的问卷调查结果汇总在附录2。

6.4.2 评价过程与结果

下面将采用第5章中给出的DEMATEL与二元语义信息表示模型相结合的知识产权管理体系成熟度综合评价方法对X公司的成熟度等级进行评价。经知识产权管理体系成熟度评价活动的组织者集体会商，分别确定了评价指标关联信息、评价过程关联信息及评价准则关联信息，并将参与问卷调查的高管、中层干部和基层员工三类调查对象的权重分别设置为VH、H和M。整个评价过程主要分为三个阶段。

在阶段一，利用式（5.1）~式（5.6）将评价指标关联信息、评价过程关联信息、评价准则关联信息、调查对象权重信息以及200份调查问卷获取的知识产权管理体系成熟度指标评价信息转化为二元语义形式，并利用公式（5.7）将调查对象权重信息与成熟度指标评价信息进行加权集结，得到成熟度指标群体评价信息，结果如表6.1所示。

表6.1　X公司知识产权管理体系成熟度指标群体评价结果

评价指标	评价结果
管理体系对知识产权方针的适配度（X_{11}^1）	(H, −0.50)
知识产权管理活动覆盖全面性（X_{12}^1）	(H, −0.40)
知识产权管理活动开展的有效性（X_{13}^1）	(M, 0.08)
知识产权管理活动持续改进有效性（X_{14}^1）	(H, −0.36)
知识产权目标与方针的一致性（X_{21}^1）	(H, −0.11)
知识产权目标明确性（X_{22}^1）	(M, 0.16)

续表

评价指标	评价结果
知识产权各阶段目标的层次性（X^1_{23}）	(M, 0.22)
知识产权目标可测度（X^1_{24}）	(M, −0.07)
适用法律法规获取渠道权威性（X^1_{31}）	(H, −0.42)
适用法律法规台账完整性（X^1_{32}）	(M, −0.18)
适用法律法规更新及时性（X^1_{33}）	(M, −0.04)
适用法律法规员工获知度（X^1_{34}）	(M, 0.04)
立项中知识产权信息收集的全面性（X^2_{11}）	(M, 0.38)
明确项目及产品潜在合作伙伴和竞争对手（X^2_{12}）	(M, 0.39)
立项中的风险评估全面性（X^2_{13}）	(M, −0.11)
立项中对知识产权风险的预算准备（X^2_{14}）	(M, 0.02)
研发中知识产权信息的检索分析利用程度（X^2_{21}）	(M, 0.07)
研发中的知识产权规划程度（X^2_{22}）	(M, 0.08)
结合知识产权风险调整研究开发策略及时性（X^2_{23}）	(M, −0.06)
研发成果的知识产权保护及时性（X^2_{24}）	(M, −0.40)
研发活动中知识产权记录规范性（X^2_{25}）	(M, −0.12)
采购活动中对知识产权信息收集的全面性（X^2_{31}）	(L, 0.19)
供方信息的管理和保密规范性（X^2_{32}）	(L, 0.17)
进货渠道信息的管理和保密规范性（X^2_{33}）	(L, 0.28)
进价策略信息的管理和保密规范性（X^2_{34}）	(M, −0.44)
采购合同中知识产权风险的规避性（X^2_{35}）	(L, 0.38)
生产阶段对技术改进和创新的评估及时性（X^2_{41}）	(M, 0.09)
生产阶段对知识产权保护的及时性（X^2_{42}）	(L, 0.35)
对外协作生产中的知识产权风险防控（X^2_{43}）	(L, 0.46)
生产阶段知识产权记录的管理有效性（X^2_{44}）	(M, 0.05)
产品售前知识产权信息的审查和分析（X^2_{51}）	(M, 0.37)
产品促销商业活动知识产权保护方案全面性（X^2_{52}）	(M, 0.42)
销售市场中对知识产权风险的监控有效性（X^2_{53}）	(L, −0.06)
知识产权风险方案调整及时性（X^2_{54}）	(L, 0.26)
定期开展知识产权内部审核的机制（X^3_{11}）	(H, −0.42)

续表

评价指标	评价结果
知识产权内部审核的全面性（X_{12}^3）	(M, −0.09)
知识产权内部审核的深入性（X_{13}^3）	(L, 0.12)
知识产权内部审核的效果和质量（X_{14}^3）	(M, −0.47)
管理评审开展周期合理性（X_{21}^3）	(M, −0.15)
管理评审输入的全面性（X_{22}^3）	(M, −0.26)
管理评审的全面性（X_{23}^3）	(M, −0.01)
管理评审的深入性（X_{24}^3）	(M, −0.32)
管理评审的效果和质量（X_{25}^3）	(L, 0.47)
分析改进活动开展的主动性（X_{11}^4）	(M, −0.05)
分析改进活动开展的深入程度（X_{12}^4）	(M, −0.25)
分析改进活动开展的质量和效果（X_{13}^4）	(M, −0.05)

在阶段二，利用式（5.8）~式（5.16）进行评价指标、评价过程和评价准则的内在关联分析，进而利用式（5.17）~式（5.19）分别确定评价指标、评价过程和评价准则的权重。

在阶段三，利用式（5.20）~式（5.22）进行成熟度评价信息的逐层递归，分别确定评价过程、评价准则和评价目标的成熟度评价结果，见表6.2。

表6.2　X公司知识产权管理体系成熟度评价结果

评价内容	评价结果	评价内容	评价结果
知识产权管理体系成熟度	(M, −0.13)	立项过程成熟度	(M, 0.17)
策划准则成熟度	(M, 0.27)	研究开发过程成熟度	(M, −0.08)
实施准则成熟度	(M, −0.33)	采购过程成熟度	(L, 0.32)
检查准则成熟度	(M, −0.24)	生产过程成熟度	(M, −0.26)
改进准则成熟度	(M, −0.12)	销售和售后过程成熟度	(L, 0.25)
体系策划过程成熟度	(M, 0.45)	内部审核过程成熟度	(M, −0.23)
目标策划过程成熟度	(M, 0.28)	管理评审过程成熟度	(M, −0.25)
合规策划过程成熟度	(M, 0.08)	分析与改进过程成熟度	(M, −0.12)

基于表6.2可以给出X公司知识产权管理体系成熟度的初步诊断。在评价

目标层面，X公司的知识产权管理体系成熟度等级接近Ⅲ级木桶级，但距离达到该等级仍有差距；在评价准则层面，策划准则的表现最佳，成熟度等级已达到Ⅲ级木桶级，并正在向Ⅳ级优化级迈进，而实施准则的表现最差，成熟度虽接近Ⅲ级木桶级，但距离达到该等级仍有较明显的差距；在评价过程层面，体系策划过程表现最佳，成熟度等级已达到Ⅲ级木桶级，并正在向Ⅳ级优化级跃升；销售和售后过程成熟度表现最差，成熟度等级仅达到Ⅱ级筛子级，处于向Ⅲ级木桶级过渡中。

此外，我们还从不同类型调查对象的视角进行该公司知识产权管理体系成熟度的分析。高管提供信息的评价结果为（M, 0.02），中层干部提供信息的评价结果为（M, -0.14），而基层员工提供信息的评价结果为（M, -0.38），该结果表明高管对公司知识产权管理体系成熟度等级的认知要高于中层干部和基层员工。

6.4.3 多视角深度剖析

下面分别从综合视角、评价准则视角、评价过程视角和调查对象视角等多个角度来开展X公司知识产权管理体系成熟度评价结果的深度剖析。

1）综合视角剖析

表6.2显示X公司的知识产权管理体系成熟度评价结果为（M, -0.13），可知其知识产权管理体系成熟度等级为Ⅲ级木桶级。结合本书第5章中对高新技术企业知识产权管理体系成熟度评价的层级释义，可对X公司知识产权管理情况做如下评述：X公司对企业知识产权管理生产经营各环节均给予了高度重视，所有管理过程均能遵循PDCA循环理论过程模式，企业围绕既定的知识产权方针目标，相继开展了有针对性和计划性的投入，在人力、财务、信息等资源保障方面可满足目标实现的需求。企业基于"领导重视""全员参与""战略导向"的原则制定了较为明确的知识产权发展战略，最高管理者能够带领各级管理者，并正向引导全员致力于达成目标而开展工作。有待提高的方面，企业

知识产权管理体系建设受制于自身发展和业务局限，与优秀企业在部分过程仍有差距，需要针对有差距的短板，采取系统措施，加快补齐，向下一级成熟度等级跃进。

通过对知识产权管理体系成熟度评价结果的剖析发现，居于木桶级的X公司知识产权管理体系，在评价准则层面的短板是实施准则，其成熟度评价结果为（M，-0.33），评价过程层面的短板（选取后30%）依次为销售和售后过程、采购过程和生产过程，其成熟度评价结果分别为（L，0.25）（L，0.32）（M，-0.26），这三个短板所在过程均隶属于实施准则下，亦充分验证了IP-3M应用的可信度。

2）评价准则视角剖析

表6.2显示X公司的知识产权管理体系成熟度评价准则的评价结果分别为：策划准则成熟度（M，0.27）、实施准则成熟度（M，-0.33）、检查准则成熟度（M，-0.24）、改进准则成熟度（M，-0.12）。由评价结果可以清晰地看出，X公司在策划准则方面的表现更优，这与其在策划准则下三个评价过程的表现密不可分。其中，策划过程成熟度为（M，0.45）、目标策划过程成熟度为（M，0.28）、合规策划过程成熟度为（M，0.08）。结合现场调研和问卷调查的结果发现，X公司最高管理者在知识产权管理体系构建过程中，不仅亲自组织制定了企业的知识产权方针和目标，并在年度预算中设置了知识产权专项资金，还通过年度目标责任书的形式将知识产权年度绩效目标分解到各部门。同时，为了专业开展知识产权管理体系构建工作，还培养了6名知识产权管理体系外审员和20名专业的知识产权管理体系内审员。而在三个评价过程中，合规策划过程成熟度（M，0.08）相较于其他同级指标偏弱，与企业在德国、美国建立了研发中心，被调查者普遍认为与海外知识产权制度风险较大有关。

四个评价准则，实施准则成熟度（M，-0.33）距离Ⅲ级成熟度等级偏离较大，这与所属五个评价过程的表现密切相关。其中，立项过程成熟度为（M，0.17）、研究开发过程成熟度为（M，-0.08）、采购过程成熟度为（L，0.32）、生产过程成熟度为（M, -0.26）、销售和售后过程成熟度为（L, 0.25）。结合现场调研和问卷调查发现，X公司知识产权管理体系在具体实施落地过程中，各关键过程的执行呈现严重的不均衡现象；在采购、销售和售后过程中，分管部门的负责人员长期出差在外，对知识产权管理体系相关知识的学习和掌握有较大差距，对供方的知识产权信息利用率低。营销人员对产品售前、产品促销商业活动及销售渠道中的知识产权风险预警意识也相对淡薄，因此造成上述过程相关评价过程的成熟度评价结果距离目标值偏差较大，在整体过程中形成错级定位，采购过程、销售和售后过程成熟度落入II级。这将成为企业下一步知识产权管理体系完善的重点。

3）评价过程视角剖析

表6.2显示出X公司的知识产权管理体系成熟度11个评价过程中评价结果位列前三的分别是：体系策划过程成熟度（M, 0.45）、目标策划过程成熟度（M, 0.28）和立项过程成熟度（M, 0.17）；位列后三名的分别是：销售和售后过程成熟度（L, 0.25）、采购过程成熟度（L, 0.32）和生产过程成熟度（M, -0.26）。以下重点分析这6个评价过程。

在排列前三位的成熟度评价过程，分属于两个评价准则。其中，体系策划过程和目标策划过程同属于策划准则，立项过程隶属于实施准则。体系策划过程和目标策划过程的成熟度分析已在上节进行了分析，本节不再赘述。重点分析立项过程，可以细分为四个评价指标，各指标的成熟度评价结果分别为：立项中知识产权信息收集（M, 0.38）、明确项目及产品潜在合作伙伴和竞争对手（M, 0.39）、立项中的风险评估（M, -0.11）、立项中对知识产权风险的预算准备（M, 0.02）。从这四个评价指标可以看出，立项过程涉及的信息收集、风险评估等具体活动，带有比较显著的计划特性，因此其排名较靠前的表现应得益于X公司较为重视策划准则。

排名靠后的三个评价过程，即销售和售后过程、采购过程和生产过程均属于实施准则，这也构成了X公司知识产权管理体系成熟度评价准则的短板。在企业现场调研期间，发现企业在销售和售后、采购、生产环节中以下三个评价指标的成熟度表现较弱，分别为进货渠道信息的管理和保密规范性（L, 0.28）、生产阶段对知识产权保护的及时性（L, 0.35）和销售市场中对知识产权风险的监控有效性。

4）调查对象视角剖析

为了保障X公司知识产权管理体系成熟度调查工作能够全面、有效地开展，此次选取的调查对象涉及公司的各级员工，具体包括10名高管、37名中层干部和基层员工153名。通过对各层级成熟度评价的统计，高管提供信息的评价结果为（M, 0.02），中层干部为（M, -0.14），而基层员工为（M, -0.38）。这一统计结果从数据方面看出X公司中对知识产权管理体系成熟度的认知随职级的增加而递增，高管对企业知识产权管理体系的关注度最高，因此再次验证了企业知识产权管理体系构建的"战略导向""领导重视"的原则，知识产权管理体系建设是一个自上而下的建设过程，高级管理者，尤其是企业最高管理者对知识产权管理体系的重视程度，决定了企业知识产权管理体系构建的成效。

6.4.4 改善举措

基于PDCA循环理论，X公司经过知识产权管理体系成熟度评价后，即可清晰地认清公司在知识产权管理各方面的差距和不足，从而采取有针对性的改善举措来提升知识产权管理水平。

X公司在制定知识产权管理体系改进计划时，依然应该按照本书第4章确立的高新技术企业知识产权管理体系9条构建原则开展。继续坚持PDCA循环理论，既不可以自我感觉良好，仅满足于现在的成熟度等级，故步自封，不思进取；亦不可好高骛远，不顾及企业自身的实际情况，欲速则不达。X公司目前处于成熟度等级"木桶级"，下一步的目标是进一步巩固和完善各类过程，向"优化级"进阶。在制定改善举措时，可从如下三个方面入手。

第一，制定明确的知识产权管理体系晋级目标，即进一步深化开展知识产权策划（P）过程。X公司可在现有知识产权管理体系成熟度基础上，广泛开展行业对标工作，制定适应企业实际情况且比对标行业先进企业适度超前的目标。对于目前的X公司而言，就是要制定"优化级"的标准，来引领企业向更高一级管理体系进步。

第二，结合当前的企业知识产权管理体系成熟度等级，分解落实计划目标，可先落实好实施（D）过程。针对X公司"木桶级"成熟度等级特点，在制定改进体系的实施计划时，应先补齐短板，即针对企业在销售和售后、采购、生产环节的三级过程成熟度较弱的现状，从加强进货渠道信息的管理和保密规范性、生产阶段对知识产权保护的及时性、销售市场中对知识产权风险的监控有效性等方面，先把体系中最弱的部分补齐，实现持续改进。

第三，持续开展检查（C）和改进（A）工作。针对整改后的体系，公司要组织定期检查各类知识产权活动开展的效果，尤其是之前体系整改过程中的弱项。例如知识产权风险评估报告、供方知识产权权属证明、生产活动中形成的记录、销售和售后知识产权风险规避方案等文件和记录，企业要主导归口管理部门养成规范的文件和记录习惯，并在内部审核过程中及时检查和改进。对检查发现的各种问题，及时进行记录和处理，正确的部分总结肯定，纳入工作规范和标准。

6.5 本章小结

本章首先锁定了《知识产权重点支持产业目录》中新材料产业作为实证研究目标，分析了我国硅基新材料行业的发展情况，在细分领域选取了硅基半导体材料行业的X公司为样本企业开展IP-3M评价和应用的实证研究。采用实地调研、调查问卷和综合评价方法，掌握了该企业的知识产权管理状况和相关数据，进一步地，运用DEMATEL与二元语义信息表示模型相结合的知识产权管理体系成熟度综合评价方法来评价X公司的成熟度等级。评价结果表明，X公司的知识产权管理体系成熟度等级接近Ⅲ级木桶级，且距离达到该等级仍有差距。同时，结合评价结果从综合视角、评价准则视角、评价过程视角等深度剖析了X公司知识产权管理方面存在的短板，并给出了相应的改善举措，明确了企业知识产权管理改进的方向和策略。以期提升X公司知识产权管理水平，进而增强企业的知识产权能力和综合竞争力。

第7章 新时代高新技术企业知识产权管理体系的优化对策

高新技术企业在我国知识产权事业发展中发挥着至关重要的作用,是知识产权创造的重要高地,也是知识产权运营和成果转化的重要基地。党的十九大报告中强调,要"倡导创新文化,强化知识产权创造、保护、运用",这为我国新时代知识产权事业划定了发展重点,进一步指明了发展方向。在2018年3月召开的十三届全国人大一次会议上,通过了新一轮的国务院机构改革方案,对国家知识产权局、工商总局等知识产权职能管理部门的职责进行了调整,使其更加适应国家知识产权战略实践及统一管控的战略要求。

进入新时代,高新技术企业在我国新一轮经济浪潮中步入了创新驱动发展的快速车道,未来优秀企业间的竞争更多来自高新技术的对抗和知识产权的角力(张素丽,2015)。因此,在新时代高新技术企业构建完备适用的知识产权管理体系的征程中,首先应认清新时代知识产权事业发展形势和任务要求;充分发挥政府在营造知识产权外部发展环境中的主观能动性和积极作用;紧密结合高新技术企业的自身特点和实际需求,科学规范地开展好知识产权体系建设工作,才能培育出合格的拥有自主知识产权和核心竞争能力的创新型企业。本章结合新时代知识产权事业发展形势和任务要求,以及知识产权管理体系构建和实证中存在的问题提出优化对策。

7.1 准确把握新时代知识产权事业发展的新形势、新任务和新要求

党的十九大胜利召开,为我国知识产权事业的进一步蓬勃发展吹响了"集结号",标志着中国高新技术企业迎来了一个重大的发展机遇。在全国十三届人大一次会议期间,中共中央总书记、国家主席、中央军委主席习近平强调,

"我国企业要着眼国家战略需求，主动承接国家重大科技项目，引进国内外顶尖科技人才，加强对企业创新支持，培育更多具有自主知识产权和核心竞争力的创新型企业"。新时代高新技术企业要取得长远可持续的快速发展，一定要准确把握新时代知识产权事业发展的新形势、新任务和新要求。

7.1.1 我国知识产权事业快速发展的形势和要求

近年来，我国知识产权事业取得了快速发展。2016年5月19日，国务院印发了《国家创新驱动发展战略纲要》，将"加快建设知识产权强国"正式写入该纲要。这与2008年发布的《国家知识产权战略纲要》一脉相承，不断深化知识产权建设对强国建设的重要意义，使得国家知识产权战略再次提升到了新的战略高度，充分说明知识产权在我国国民经济和社会发展中的地位不断提升。

近年来，随着我国连续成为年度世界最大的专利、商标等知识产权申请量的国家，使得我国知识产权大国地位得到进一步加强。我国先后成为世界首个年度发明专利申请量破百万和世界第三个国内有效发明拥有量破百万的国家，国内业已形成激励创造的良好社会氛围。在知识产权保护方面，我国不断加大保护力度，近5年全国共查处专利侵权案件超14万件，是前5年的8倍多；社会大众对知识产权保护的满意度和认可度也随之不断提高。在知识产权运用方面，国家已经建成了"1 + 2 + 20 + N"模式的知识产权运营平台，共有7000余家企业通过平台实现了知识产权运营，专利实现质押融资超2000亿元，年度增长超30%。知识产权管理不断创新，在国家和地区层面，知识产权综合管理试点的改革工作顺利推进，进一步显示出国家知识产权管理改进的决心和魄力；在企业层级的知识产权管理规范国家标准贯标工作得以迅速推广。截至2017年末，已有2.6万家企业开展贯标，通过培育积累的全国知识产权示范企业和优势企业达到2000余家，112余家中小学成为全国知识产权教育试点学校，营造了良好的知识产权文化氛围。

7.1.2 新时代中国特色社会主义知识产权事业发展的新目标任务

新时代，强化知识产权创造、保护和运用是我们知识产权事业发展的新任务。当前，要在充分认识新时代社会基本矛盾的背景下，发挥好知识产权技术和制度工作对缓解社会基本矛盾的贡献。创新开展好知识产权创造、保护和运用工作，一是大力实施专利质量提升工程，深化质量第一、效益优先的理念，大力培育知识产权大国向强国的转变。二是认真贯彻落实中央关于加强知识产权保护的一系列决策部署，大力推进知识产权保护在力度、范围和速度上的改革，实现"严保护、大保护、快保护、同保护"的统筹协同保护格局。三是持续深化科技成果转化和知识产权运营改革，一批围绕知识产权管理的运营平台相继建成，各类促进知识产权运营的要素快速集聚，大力促进了知识产权运营工作。

围绕新时代知识产权事业发展的新形势、新任务和新要求，我们要准确把握新时代知识产权事业发展的新目标，共同聚焦社会新的主要矛盾，集智攻关，认真落实中央关于稳中求进和高质量发展的新要求，着力推动高新技术企业知识产权事业实现新发展。

7.2 政府主动作为，营造良好的知识产权外部发展环境

"安不忘危，兴不忘忧"。新时代我国要实现高质量的稳步发展，需要在全社会营造良好的营商环境。知识产权制度设计为构造公平、透明和稳定的营商环境提供了沃土。高新技术企业知识产权工作的开展离不开良好的外部发展环境，政府应积极发挥其政策制定和环境创造方面的优势，重点从政府知识产权管理职能转变，知识产权激励创造、严格保护、合理运用等四个方面营造良好的外部发展环境。

7.2.1 完善知识产权行政管理职能

新时代，需要进一步完善国家及地方的知识产权行政管理职能。政府知识

产权职能管理改革和调整将成为知识产权外部环境营造的最大亮点。在2018年召开的十三届全国人大一次会议上，通过了涵盖国家知识产权局职能调整在内的国务院机构改革方案，拉开了国家知识产权行政管理整体大调整的序幕。围绕十九大提出了知识产权事业发展总目标，将原国家工商总局的商标管理及原国家质监总局原产地地理标志的管理职责、国家知识产权局的职责进行了有机整合，国家知识产权管理职能调整后，解决了我国长期存在的专利、商标、原产地地理标志等知识产权形式的执法交叠和多头管理的老难题，体现了国家对标国际优秀管理经验的决心和毅力，标志着我国正式进入了知识产权行政统一管理的新纪元。

在知识产权行政保护职能调整方面，商标、专利执法职责交由市场监管综合执法队承担。体现了执行与监督检查分离的原则，该模式在我国深圳地区早有实践，早在2009年深圳政府机构改革中，就建立了统一的市场监管局，把知识产权、工商、质检部门的重复职能进行整合，强化了市场监管和执法职能建设，并起到了很好的效果。国家知识产权管理职能的调整充分汲取了地方实践改革的经验，应该会取得更大的成效。

可以预见，国家知识产权职能调整的整合过渡还需要一定的时间，国家和地方应及早完成整合工作，让更多的高新技术企业和创新主体早一些享受到国家知识产权管理职能变革后带来的改革红利。

7.2.2 营造良好的知识产权创造环境

近年来，世界各国纷纷举办各类促进创新、激励创造的活动，并积极制定各类支持企业创新的政策，不断为企业营造更好的外部发展环境。我国也相继出台了以支持"双创"为代表的诸多创新政策，其中均提出要加强知识产权对创业创新的支撑和保障。2015年9月，国家知识产权局、人力资源社会保障部、财政部等五部委联合印发了《关于进一步加强知识产权运用和保护助力创新创业的意见》，对完善和强化知识产权激励政策激发双创活力等方面做出专项部署。最终目标是要建立以市场为导向、政府协同引导、企业主体积极参与的创新创业服务体系，全力营造良好的激励知识产权创造的环境。

营造良好的知识产权创造环境还应聚焦于提升知识产权产出质量。随着我国知识产权总量连年增长，专利等多个知识产权拥有量已经位居世界首位，早已奠定了中国作为世界知识产权大国的地位，然而"大而不强"的尴尬境地又衍生很多新的问题亟待解决。国家在出台激励知识产权创造的政策环境时，应重点关注提升知识产权创造质量的政策导向，制定更多促进知识产权产出质量的引导机制，加强知识产权的保护和运用，营造良好的市场环境，切实发挥企业知识产权要素在市场竞争中的特殊作用。因此政府还应当在提升知识产权创造质量方面多倾注精力。

7.2.3 营造良好的知识产权保护环境

国家及地方政府应联合企业共同形成合力，来共同解决目前高新技术企业知识产权保护过程中遇到的困难和问题，具体从知识产权保护的纵深角度，有针对性地发力，为企业良性发展营造规范的知识产权保护环境。

在"深度"方面，企业应当和政府做好协同合作，企业可以主动应用"互联网+"和大数据等创新技术，主动、深入地收集知识产权侵权的线索和信息。政府可以更多地开放检索渠道和数据资源，为企业维权提供便利条件。

在"力度"上，政府应当起到知识产权保护的主导作用，国家应进一步完善知识产权法律制度，牵头解决知识产权保护中的疑难问题，切实保护知识产权权利人的合法权益。国家知识产权局已经开始着手新一轮的专利法修订工作，良好的知识产权保护环境值得预期。同时随着国家组织机构调整方案的实施，知识产权市场监督执法工作在此次国家机构调整中得到了加强，国家一系列的组织管理调整和法制保护建设措施，都为加强知识产权保护力度提供了保障。

在"广度"上，企业和政府要综合协调保护，政府可以发挥其在公共职能领域的专长，加大主题活动宣传，可以充分利用各类展会、双创周等活动契机，开展知识产权宣传工作。企业应加强内部以法律部门专业人员为主导的知识产权保护部门建设，主动行使企业自身的知识产权保护监督职能，为高新技术企业的发展织起一张密实有效的知识产权保护大网，不断拓展企业的生存和发展空间。

7.2.4 营造良好的知识产权运用环境

高效运用知识产权一直是我国高新技术企业开展知识产权工作的一项重要目标，企业要合理、高效地运用知识产权，离不开良好知识产权运营环境的营造。2017年，国务院专项印发了《"十三五"国家知识产权保护和运用规划》，来进一步加强知识产权的运营工作，建议政府通过实施"知识产权交易运营体系建设"的重大专项，带动各相关方共同分享收益，为知识产权强企业建设提供强有力的支撑。

7.3 大力实施高新技术企业知识产权战略

本书第4章提出了基于PDCA循环理论的高新技术企业知识产权管理体系建设原则，其中重点阐述了制定和实施知识产权战略对高新技术企业发展的重要意义。当前，国际市场竞争日趋白热化，我国高新技术企业要在变幻莫测的外部环境中立于不败之地，需要坚定不移地走自主知识产权的发展道路，适时制定企业级的知识产权战略，并结合内外部市场、技术、法律、产业环境的变化，及时调整具体策略。基于知识产权战略导向的高新技术企业将成为未来竞争环境中的翘楚。以下结合SWOT分析方法提出高新技术企业知识产权战略对策。

7.3.1 基于SWOT方法的高新技术企业知识产权战略分析

1）高新技术企业的发展优势分析

高新技术企业是我国人才密集、资金密集的典型代表，为了促进高新技术企业的发展，国家相继出台了多项支持技术创新、财税优惠等方面的扶持政策，同时在国家积极的产业政策引导下，各类银行、基金、保险等社会配套金融机构也向高新技术企业伸来了橄榄枝。在国际合作中，我国高新技术企业也表现出了得天独厚的优势和自信，长期占据国际合作的主导份额。与其他非高新技术企业相比，我国高新技术企业具有明显的资金优势、人才优势、技术优势和政策发展环境优势，这为高新技术企业制定知识产权战略奠定了基础。

2）高新技术企业发展劣势分析

我国高新技术企业发展的起步较晚，对知识产权制度运用和驾驭的能力较发达国家还存在较大差距。具体表现在，一是知识产权量大质低，以专利为例，国内高新技术企业的专利主要以实用新型、外观设计等"小发明"为主，核心自主发明专利拥有量明显不足。二是知识产权运用能力不足，诸多知识产权成果申报完成后，便被束之高阁。三是缺乏服务知识产权专业细分领域的中介机构和配套人才，开展知识产权价值分析、专利评估和知识产权运营方面的专业人才匮乏。上述这些短板集中体现了我国高新技术企业面临的劣势，需要企业努力改善和提升。

3）高新技术企业发展机遇分析

2001年，我国加入WTO后，知识产权市场相较于其他实体经济领域的发展，更早地打开了国门，在竞争的洗礼中接受了锻炼。近年来，我国的知识产权法制环境随着立法、执法及社会配套法律服务体系的建设不断健全。全社会崇尚创造、激励创新、保护知识产权的氛围充分营造。党的十九大以来，国家更是将知识产权保护提升到前所未有的高度，高新技术企业加大创新投入，走自主知识产权创新发展之路的决心更加坚定，我国高新技术企业发展进入了前所未有的战略机遇期。

4）高新技术企业面临的威胁分析

我国高新技术企业知识产权制度发展的历程比发达国家短，因此我国高新技术企业发展之初，在诸多领域便面临着国外跨国公司的围追堵截，例如我国

DVD产业，便是在走出国门后，遇到了知识产权方面的重挫，导致行业损失巨大。随着我国高新技术产业的崛起，越来越多的外向型企业面临走出国门后的知识产权技术封锁带来的威胁。另一方面，伴随着我国部分领域高新技术的快速发展，由于对以"BAT"为企业代表的互联网技术及商业模式的创新，在研究和制度储备上不足，出现了上述领域知识产权保护的真空地带。这些发展机遇稍纵即逝，政府和企业需要及时联动起来消除这些威胁。

7.3.2 高新技术企业知识产权战略实施对策建议

下面结合我国高新技术企业发展的实际情况和内外部发展环境，对大力实施高新技术企业知识产权战略提出具体意见和措施建议。

1）大力实施高新技术企业知识产权创造战略，为高新技术创新赋能

当前，我国经济发展迎来了难得的历史发展机遇，中国巨大的市场和创新协同机制为我国高新技术企业发展创造了创新需求和环境。企业应当抓住时机，大力推进知识产权开发工作，及早通过创造形成知识产权成果，完成国内外知识产权布局。在知识产权创造战略的实施过程中，企业应当重点关注两点。一是注重营造创新机制，所谓自主创新，不能狭隘地理解成自己创新，要充分利用各类创新资源和要素，合理用好产学研合作和对外技术引进、联合开发等合作模式。二是注重知识产权机制的灵活运用，及时规避创新过程中的知识产权风险，合理运用好知识产权联盟、专利池、知识产权许可等知识产权特有的机制，为高新技术创新发展赋予新动能。

2）大力推动知识产权运用和运营，为高新技术企业发展助力

高新技术企业内部应建立促进知识产权运用的机制，这种机制设计应以激励为主，但绝不只是停留在知识产权创造取得成果后的依法奖励层面，而是应当以经营的思维，构建起知识产权创新要素参与收益分配的机制，以激励带动更多的创新元素入场，推进知识产权转移转化。企业还应该建立推动外部知识产权流入和转化的机制，引入知识产权入股、专利质押等创新机制，以开放的

创新环境，构建高新技术知识产权成果的内外部运营机制，实现知识产权运用的终极目标。

3）完善知识产权管理，为高新技术企业发展提供保障

高新技术企业快速发展的过程中，应配套建设好知识产权管理体系。具体做好以下三项重点工作。一是配置专业的知识产权部门和知识产权管理人员，具体部门和人员的配置可以结合企业规模及产业的不同属性调整，规模较小的高新技术企业也可以采用知识产权外包的形式，委托外部知识产权服务机构进行托管。二是制定配套的知识产权管理制度，完善的知识产权管理制度应辐射企业知识产权创造、运用和保护的各环节，涵盖知识产权全生命周期的管理，并定期评价这些制度的适用性和先进性。三是要在组织内部培养激励创新、鼓励创造和风险可控的知识产权文化，企业的最高管理者要亲自带领并积极参与知识产权文化培育的活动，以文化来引领知识产权战略的落地和效果保障。

7.4 大力推进高新技术企业知识产权贯标工作

2013年国家出台的推荐性标准《企业知识产权管理规范》（标准代号：GB/T 29490—2013，以下称《规范》），为我国企业在构建知识产权管理体系方面提供了很好的参考和借鉴。尤其是针对我国高新技术企业在摸索建设知识产权管理体系工作方面，给出了相对标准的"答案"和实施路径。为了大力推进和引导企业开展知识产权管理体系构建工作，国家知识产权局、科学技术部、工信部等8部委联合制定了《关于全面推行〈企业知识产权管理规范〉国家标准的指导意见》，明确了具体工作目标和政策。然而，要推动好高新技术企业知识产权管理标准化体系构建，还需要建立在各方力量齐动员以及企业自身练好内功的基础之上（程敏，2017）。以下重点基于高新技术企业视角，提出需要落实的具体工作和保障措施。

7.4.1 企业贯标中的重点工作

1）加大知识产权专业岗位设置、人才培养和储备工作

高新技术企业对照《规范》开展体系建设工作，有别于国家以往的知识产权试点企业建设要求，《规范》的要求更加专业和细致，高新技术企业内部应在知识产权管理部门或体系管理部门设置专业的管理岗位，统筹好各项知识产权管理体系建设任务。企业还应当加强各管理过程负责人的知识产权管理体系知识培训，必要时可以要求各部门负责人参加知识产权管理体系内审员的培训考核和认定，整体提升知识产权管理的专业性水平。

2）制定明确的体系考评机制，注重知识产权管理体系的建设实效

《规范》作为国家推荐性标准，其核心目的就是通过企业贯彻落实规范的知识产权管理活动，提升企业核心竞争能力。因此，高新技术企业贯标之初就应当建立知识产权管理体系的评价标准，具体评价体系的构建可以参照本书第6章相关要求。

3）要加强知识产权信息化利用工作

一是加强知识产权信息化管理，高新技术企业的知识产权量大类广，不仅涉及专利商标，还有软件著作权等不同的知识产权类别，知识产权的日常管理涉及法律、财务等诸多要求，有条件的企业应当配备专业的知识产权管理软件或平台进行日常规范管理，避免人为管理带来的不必要损失。二是加强知识产权信息的利用，以专利信息为代表的知识产权信息对高新技术研发等工作具有极大的促进作用。企业的研发部门应配备专业的知识产权数据库，必要时应借助社会专业力量开展知识产权信息检索和评议，引入知识产权信息预警机制，提升高新技术开发的效率和质量。

4）主动开展知识产权保护工作，构建企业知识产权保护机制

对企业已有知识产权成果的保护，不能仅依靠政府出台的法律保障或各类知识产权执法活动的开展。企业应当审时度势，主动出击制定知识产

权维权工作计划。在新产品开发之初，便开展专利等知识产权的保护策划。围绕企业核心产品或服务，从研发、生产、发布和退出全过程，制定知识产权保护策略。

7.4.2 企业贯标工作的保障措施

1）领导重视

领导重视是成功开展高新技术企业知识产权贯标工作的首要基础保障，尤其是企业最高管理者要重视体系的建设，具体表现在：最高管理者要亲自参与企业知识产权管理体系目标、方针的制定，承诺配置开展体系建设工作的各类资源，组织检查和考评体系的建设成效。

2）全员参与

知识产权管理工作涉及企业经营活动的各个方面，高新技术企业在构建规范的知识产权管理体系时，不能只在部分管理过程或活动方面发力，造成局部管理过程知识产权要求的缺失，会酿成巨大的风险。因此，知识产权管理体系贯标活动，应保障全员参与。

3）机制保障

高新技术企业在决定开展知识产权管理体系贯标活动时，应配套制定专项的机制来保障各项工作的顺利开展，具体包括激励机制、约束机制和保障机制。一是结合贯标工作的总目标和阶段性目标设计好配套的激励和考核制度，必要时应与各部门和业务负责人签订体系目标责任书，约定达成目标的激励和考核事项，调动全员参与贯标活动的积极性。二是要配套制定专项的内部检查标准和评审制度，对贯标活动的具体要求细化，同时要定期评价活动取得的成效和差距，为持续改进提供必要的依据。三是要密切结合贯标活动需要，给予专项的人员、财务预算和必要的软硬件系统支持保障，确保各项活动顺利开展。

7.5 切实加强知识产权管理体系的融合建设工作

我国高新技术企业知识产权的管理体系整体建设起步较晚，在管理体系构建之前，多数企业均已开展了三体系（质量管理体系 QMS、环境管理体系 EMS、职业健康安全管理体系 OHSMS）的建立和实施工作，要开展好企业知识产权管理体系建设，就必须关注知识产权管理体系与"三体系"（QES）的融合和一体化建设，避免建成的知识产权管理体系形成孤立或"两张皮"（管理体系与企业实际工作脱节）现象。

7.5.1 知识产权管理体系融合建设的可行性和优点

本书第4章已经论述了知识产权管理体系与三体系的构成要素大部分是相同或相似的，均采用基于过程的管理方法，体系结构是可以相互兼容的，各管理体系的运行模式均遵循螺旋上升的 PDCA 循环模式，体现了持续改进的思想。这些相似性和一致性奠定了多体系管理融合的基础。鉴于知识产权管理体系在基本管理原理、构成要素、运行模式等诸多方面与三体系相仿，因此组织在建立科学、规范的管理体系的过程中，应及早将知识产权管理体系与其他三体系融合建设，加快形成合力，整体实现企业组织在质量、环境、职业健康安全、知识产权等领域的体系建设，快速提升企业的核心竞争能力，最终实现组织目标。

知识产权管理体系与三体系融合建设是必然趋势，多体系融合建设具有以下优点。

第一，有利于提高决策质量，增强组织核心竞争力。企业最高管理者在管理体系融合后的组织里做决策，可以置身于更加全面和有机的环境中，有效地消除管理盲区和解决管理要素不全面的问题，进一步夯实决策基础，以实现快速决策、科学决策，达到持续改进的目标。

第二，有利于增进企业内部组织间、员工间、不同层级间的沟通，提高决策效率。融合后的管理体系有效地解决了企业内外部信息不对称的问题，组织各部门不至于站在割裂的系统中做出分析和决策，进而规避了各部门各自为政、各行其是，影响到组织目标的实现。

第三，有利于合理配置资源，减少不必要的浪费。四个管理体系在企业建设过程中，可基于总目标的一致性整合构建管理手册和程序文件等管理体系文件。四体系统一建设、内审、甚至接受外部统一审核，可有效降低管理成本，规避文件"泛滥成灾"和"文山会海"的尴尬局面。从组织财务角度考虑，能够有效节约开支，合理配置资源，从而减少不必要的浪费。

7.5.2 构建企业IPQES有机融合管理体系的原则

企业在融合构建多种管理体系的过程中，必须做到重点突出、统筹兼顾。组织需明确一切有效的管理活动都应紧紧围绕满足客户需求，为客户提供满意的产品或服务而开展。因此融合体系建设应首要做好明确企业总目标的建设要求。同时适当兼顾其他各管理体系的个性化目标，尤其是企业正在运行的质量管理、环境管理、职业健康安全管理和知识产权管理的具体管理目标，必须给予足够关注。因此，四体系融合管理模式的整合原则如下。

1）就近相容性原则

以企业现有成熟的三体系标准模式为主线，把知识产权管理标准的相关要求，尤其是涉及的管理活动分别纳入三体系管理的相关文件中，按照求同存异的原则整合文件，针对相同或类似的组织管理活动，通过文件、记录和控制程序结合起来。针对个性化的管理活动，则分别描述。当然目前由于知识产权管理体系出台较晚，各认证单位的要求还有一定转化过程，目前在开展融合建标的过程中，为了满足认证需要，仍需单独建立知识产权体系文件。

2）简洁、高效、适用、风险可控原则

基于实用、基于事实，对同一管理过程的管理要求，如果能合并的就统一要求，不可强行生搬硬套，逐条整合。

3）动态调整和兼收并蓄原则

融合后的管理体系亦要遵循动态的PDCA螺旋上升的开放式模式，要在运行过程中不断完善，持续改进。同时管理体系应当坚持开放兼容的原则，有必要与其他管理子系统整合（如财务管理、信息管理、能源管理、风险控制管理等）（王雪荣，2005）。

7.5.3 企业IPQES融合管理体系建设实践

四体系IPQES（知识产权、质量、环境、职业健康安全）对应了各利益相关方（供应商、客户、员工、政府等）不同的期望和需求。这些诉求既有共性的部分，也有个性的需求。体系融合建设就是要把管理体系共性部分整合到一起，同时兼顾好个性化的需求。四体系IPQES融合建设一般应包括如下三个步骤：组织机构融合、文件融合和作业融合（何红升，2008）。

1）IPQES四体系的组织机构融合建设

知识产权管理体系与质量、环境、职业健康安全四个管理体系在组织管理原则方面均强调了领导作用和全员参与的重要性，因此，IPQES四体系在组织机构融合建设过程中应坚持统一领导、分级管理的原则。就是公司最高管理层统一制定体系管理工作的方针、政策，规定各级体系的归口管理部门、人员编制，部门的任务和职责。公司下一级分公司或部门按照统一安排分级落实和实施。最高管理者应对各体系的建设发挥领导作用，在组织机构和人员团队建设方面，应在高层管理人员中指定一名管理者代表，集知识产权、质量、环境和职业健康安全管理体系四个管理者代表于一身。这样既有利于四个管理体系的融合工作推进，也有助于各类管理资源的调度和配给。

在体系管理部门的设置方面也要充分体现统一管理的原则，目前在企业实际管理过程中，知识产权管理体系一般由科技管理部或法律部归口管理，质量管理体系一般由品管部或企管部归口负责，安环部门负责环境和职业健康安全的体系建设。这样分散的设置，往往会造成多头管理、资源浪费和内耗巨大。

有条件的企业应将四个体系的管理职责合并到一个管理部门,例如合并到企管部或者体系办,以便统筹建立融合体系。

统一管理还体现在体系专员和内审员的选拔、培养和评价方面,四体系一归口到一个部门分管后,将结合企业组织规模大小、产业行业不同组建体系管理人员队伍。各体系未融合前,各体系归口管理部门均要设置体系专员,并分别选拔内审员。势必会造成大量的人力资源浪费和各组织间信息不对称的现象发生。融合后的体系,将统一选拔和配置具备多体系管理知识和技能的体系专员,体系内审员队伍建设中,从单一多次培训转变为一次性多体系的培训,人员培养和队伍建设从注重数量和专业分工转化为注重一专多能人员的选拔和培养方面。

2)IPQES四体系的文件融合建设

一个企业的管理是通过企业内各种过程进行规范管理来实现的,而这一过程则是由体系文件运行作为依据,从而保证各类活动能够实现经济、快速地运行,来满足相关方的要求。文件的融合工作应分级开展,依次为管理手册、程序文件和其他三级文件(作业指导书等)。

(1)管理手册。

管理手册的主要内容是描述有关标准要求、组织机构、职责划分,由于GB/T 29490—2013与ISO 9001标准、ISO 14001标准和OHSAS-18001标准的结构形式和条款编号相差甚远,因此,要编写四个管理体系统一的管理手册有一定的困难。与此相反,环境和职业健康安全管理体系的标准无论结构、形式、条款名称、要素编号都非常相似,完全有可能进行整合编写,故组织通常更容易将"环境和安全管理手册"合并为一册,而另册编写"知识产权和质量手册"。

如果组织希望将四个管理体系的手册合并,则通常要以ISO9001版标准为基本模式,按照PDCA循环的规律和标准各个条款的功能,插入知识产权、环境和职业健康安全管理体系标准的相应要求。

（2）关于程序文件。

根据知识产权、质量、环境和职业健康安全管理体系四个标准的要求，可以考虑编写一套"知识产权、质量、环境和职业健康安全管理程序文件"——管理体系程序文件。也就是将四个标准中规定需要建立程序文件的条款进行整合，编写出一套"四合一"程序文件。在具体编写的过程中，应该结合本组织的实际情况，充分考虑可行性和可操作性，在组织已有的质量管理惯例的基础上，最大限度地兼容知识产权、环境和职业健康安全管理要求。

（3）关于第三层次文件。

对于第三层次文件即组织的"作业指导书"或"操作规程"来说，由于不受必须按照要素进行描述的约束，因此完全可以将多个管理体系的现场操作文件按照岗位的需要进行合并编写，从而缩减文件数量，提高文件的适用性和实用性。

3）IPQES四体系的作业融合建设

作业融合是IPQES四体系融合建设的具体实践，需要结合各体系实际运行与维护要求开展作业整合。

（1）管理策划的协调一致。

无论是知识产权目标、质量目标、职业健康安全目标、环境目标和指标都需要定期更新。随着组织的活动、产品和服务的变化，机构和职责的调整，新的法律法规颁布等情况的发生，组织需要定期或不定期地更新或修订其过程控制方法、重要环境因素、重大风险或不可承受风险等。为了与时俱进，不断适应市场竞争的需要，组织还需要不断地提出更高的经营目标，其中也包括与管理体系目标有关的内容。例如：发明专利占比、海外市场商标注册率、原辅材料消耗定额、不合格品率、重大工伤事故发生率、重大交通事故发生率、重大财产损失率、劳动生产率等，四个管理体系的整合应体现在管理体系策划（方针、目标、管理对象）的协调一致以及与组织经营目标的协调一致上。

(2）四个管理体系运行和维护同步实施。

管理体系的运行和维护通常包括培训、日常运行、监视和测量、不符合纠正和预防措施、内部审核、管理评审、文件修改、一体化监督审核等内容。作业整合就是将四个管理体系的上述各个过程同步实施，以简化组织内部管理的步骤，减少四个管理体系维护的人力、时间、资金等资源投入。

（3）持续改进共同提高。

持续改进是四个管理体系提出的共性要求，也是组织内部管理和自我发展追求的共同目标。国际标准中持续改进的含义是：通过改进和强化管理体系达到提高组织各种绩效的目的。组织要经过不懈的努力才可能使管理体系从合并变成兼容，从兼容变成融合，从一时的融合达到长久的融合，实现四个管理体系的共同提高，以及达到知识产权、质量、环境、安全、卫生绩效的不断提高。这个过程通常可以从几个方面来考虑：过程控制的优化、管理职能的简化、管理人员的多能化、文件构成的简约化、记录设置的合理性、监视和测量的有效性、自我完善的推动力等。

总之，四个管理体系的融合需要从部分整合向全面整合发展，它不仅仅是管理体系文件的整合，也不是简单的管理职责合并。管理体系整合的目的是全面提升组织的内部管理水平，通过提高管理效率达到提高经济效益的最终目的。多体系融合，尤其是将IPQES四体系纳入企业管理已成为趋势和潮流，也是企业全面提升竞争力的手段和工具。建立"简洁、高效、适用、风险可控"的融合体系，是未来企业迈向国际化和规范化的必然趋势。企业应提前响应，及早地构建知识产权管理体系与其他体系融合的一体化体系，通过提高管理效率达到提高经济效益的最终目的（李西良，2017）。

7.6　本章小结

本章结合当前的战略导向，从政府和企业两个层面提出了新时代高新技术企业知识产权管理体系的优化对策。对于政府，要主动作为、营造良好的知识产权外部发展环境；对于高新技术企业，一要准确把握新时代知识产权事业发展的新形势、新任务和新要求，二要大力实施高新技术企业知识产权战略，三要大力推进知识产权贯标工作，四要加强知识产权管理体系融合建设工作。

第 8 章 总结与展望

本章是对全书的总结和展望,一方面是对本书研究内容和主要贡献进行总结,另一方面指出研究工作过程中存在的不足之处,并展望今后研究工作的重点任务和方向。

8.1 研究总结

本书主要研究内容和研究结论总结如下。

第一,本书对开展高新技术企业知识产权管理体系构建及实证研究的背景和意义进行了阐述,通过对相关理论和国内外文献综述的研究,锁定了本书的研究重点,奠定了本书的研究理论基础,提出了研究的若干创新,并给出了本书研究的技术思路和框架结构。

第二,本书以提升高新技术企业知识产权能力为目标导向,首先结合高新技术企业投入高、风险高和收益高的典型特征及其对知识产权能力的更高要求,重新界定了该类企业的知识产权能力内涵,提出了"基础创新能力—知识产权创造能力—知识产权运用能力—知识产权保护能力—知识产权管理能力"的知识产权能力五维构成要素,并对各构成要素的定义、功能及相互关系进行了详细论述。然后构建了具有网络层级结构的知识产权能力测度的指标体系。结合高新技术企业的典型特征及其知识产权能力测度的定性定量相结合性以及总量指标和相对指标的兼顾性,以指标可描述、数据可获取、过程可追溯和结果可比对为原则选取了知识产权能力测度指标,并结合测度指标关联的非双向对等性进行了关联网络化处理。在此基础上,提出了基于 DEMATEL-VIKOR 的知识产权能力指数模型。该模型具有求解流程逻辑清晰、实用性强等特点，不仅能够实现测度指标重要性与归类的可视化，为制定知识产权能力提升策略提供必要的决策支持；还融入了专家的主观偏好并兼顾了群体效用的最大化和个体遗憾的最小化，从而保证得到的知识产权能力测算结果更贴近实际。

第三，本书在详细分析 PDCA 循环理论及其在企业管理体系中应用的基础上，紧紧围绕提升高新技术企业知识产权能力的目标，建立基于 PDCA 循环理论的高新技术企业知识产权管理体系的模型，并提出了知识产权管理体系具体构建的原则、方法和路径。按照过程方法和 PDCA 循环理论，将知识产权管理体系分解为 11 个关键过程，并分解至 P、D、C、A 四个不同阶段，从策划、实施、检查、改进过程的构建实现知识产权管理体系周而复始、持续改进的目标。

第四，本书在基于 PDCA 循环的企业知识产权管理体系的基础之上，结合成熟度模型的相关理论，构建了知识产权管理体系成熟度模型（IP-3M），并描述了该模型的三维结构、等级划分与典型特征以及流程设计。然后，在知识产权管理体系成熟度评价方法的研究中，明确了评价体系的建立原则与框架结构、评价准则，并提出了 DEMATEL 与二元语义信息表示模型相结合的知识产权管理体系成熟度综合评价方法。进一步地，通过对 IP-3M 基本应用步骤的分析和研究，说明企业通过不断循环的成熟度动态评价，来实现知识产权管理不断持续改进的目的。

第五，本书以 2013~2015 年 615 家样本企业的知识产权采集信息为基础进行实证研究，验证了基于 DEMATEL-VIKOR 的知识产权能力指数模型的可行性与有效性，并对测度结果进行了多视角比对分析。另一方面，本书还选取了我国硅基新材料产业的 X 公司作为研究对象进行了 IP-3M 应用的实证分析，采用现场访谈和问卷调查相结合的方式，对 X 公司知识产权管理体系成熟度进行了评价和诊断，指出了企业持续提升知识产权管理水平的方法和路径。

8.2 研究不足

一方面，本书提出了高新技术企业知识产权管理体系成熟度模型IP-3M，结合综合评价方法，可以对企业知识产权管理体系成熟度等级水平量化评价。知识产权管理体系成熟度等级越高，代表知识产权管理体系在企业内部运行的绩效效果越好。积累企业连续各年度知识产权管理体系成熟度评价结果，通过纵向比较，可以看出知识产权管理体系持续改进的趋势和过程效果。通过对同行业企业知识产权管理体系成熟度的横向比较，可以实现很好的对标，找到改进知识产权管理水平的方向和路径。该模型的应用有效性还有待于更多产业和企业的广泛验证，进一步显示该模型的重要价值。由于受制于研究者时间和企业调研数量的局限性，目前未能大范围展开实证研究，这将成为后续研究和持续改进的重点和方向。

另一方面，本书对高新技术企业知识产权投入、运用、保护等相关指标的信息采集较为困难，尤其是企业知识产权投入、许可转让收益、专利实施率、知识产权专/兼职人员数量等指标均未在国家高新技术企业统计指标体系中。在本书的研究中，上述指标均为首次纳入统计范畴，受访企业对指标的理解和统计上报均存在一定的困难。通过本书研究工作的开展，充分验证了上述指标对高新技术企业知识产权管理体系构建的重要意义。今后，要将上述指标持续纳入企业监测体系中，确保研究工作的科学、全面、可持续开展。

8.3 研究展望

综合考虑现有研究中存在的不足以及研究的历史局限性，为进一步加强知识产权管理体系学术研究，积极推进研究成果在实践领域的应用和再完善，还需要依托现有研究基础，进一步拓展和探索研究对象和研究内容。

首先，在研究对象方面，不同产业和技术领域的知识产权状况各有差异，针对特定领域的企业知识产权管理体系研究工作应予以重视。一是重点关注我国知识产权密集型产业的培育进程，结合知识产权密集型企业的特点，细化现有研究思路。2016年7月，在国务院办公厅印发的《国务院关于新形势下加快知识产权强国建设的若干意见》重点任务分工方案中，体现了我国培育知识产权密集型产业的决心，随着我国知识产权密集型产业目录和发展规划等相继出台，该领域企业的知识产权管理研究工作应及时跟进。二是重点关注新兴产业领域的知识产权管理问题，近年来，随着我国以"互联网+"为代表的各种新经济形态的涌现，已经打破了传统的业务体系，重构的商业模式和生产要素的优化衍生出诸多创新成果，传统的知识产权管理方法需及时更新，以适应新兴业态的发展。上述领域的企业在知识产权问题上的敏感性差异及其知识产权管理措施的差异是非常值得深入研究的课题。

其次，在研究内容方面，要加强企业专利以外形式的知识产权研究。目前关于企业知识产权管理方面的研究，主要聚焦于以专利为代表的知识产权。而对软件著作权、集成电路布图设计专有权、植物新品种等其他类型的知识产权管理研究还未得到足够的重视，各类知识产权拥有许多独自的特点，为后续企业知识产权管理研究内容的细分提供了理论研究和实践方向。以便为企业知识产权管理综合性体系建设和实践提供更加系统和全面的理论支持。

附　　录

附录1　国家知识产权示范企业和优势企业年度信息表

<table>
<tr><td rowspan="20">基本信息</td><td>1.企业名称（　　　　　　）</td></tr>
<tr><td>2.组织机构代码（　　　　　　）</td></tr>
<tr><td>3.注册地（　　　　）</td></tr>
<tr><td>4.所属行业代码及名称（　　　）（注：按《国民经济行业分类》（GB/T4754—2011）中国民经济行业分类和代码表中"大类"填写）</td></tr>
<tr><td>5.主营业务：</td></tr>
<tr><td>6.注册资金为（　　）万元</td></tr>
<tr><td>7.企业规模为（　　　）（按照《中小企业划型标准规定》确定）</td></tr>
<tr><td>　　A.大型企业　B.中型企业　C.小型企业　D.微型企业</td></tr>
<tr><td>8.企业登记注册类型（　　　　）</td></tr>
<tr><td>　　A.内资企业　　B.港、澳、台商投资企业　　C.外商投资企业</td></tr>
<tr><td>（1）企业基本性质若为内资企业，请进一步选择（　　　）</td></tr>
<tr><td>　　A.中央管理国有企业　B.地方管理国有企业　C.集体企业　D.私营企业
E.联营企业　F.股份企业</td></tr>
<tr><td>（2）企业若为外商投资企业，请进一步选择（　　　　）</td></tr>
<tr><td>　　A.中外合资经营企业　B.中外合作经营企业　C.外资企业　D.外商投资股份有限公司</td></tr>
<tr><td>9.企业是否上市（　　　）</td></tr>
<tr><td>　　A.未上市　　B.准备上市　　C.国内上市　　D.海外上市</td></tr>
<tr><td>10.知识产权工作联系人信息：</td></tr>
</table>

续表

第一联系人：姓名（　）、所在部门（　　）、职务（　　）、单位电话（　　　）、移动电话（　　　）、E-mail（　　　　　）、通讯地址（　　　　　　　）、邮编（　　　）				
第二联系人：姓名（　）、所在部门（　　）、职务（　　）、单位电话（　　　）、移动电话（　　　）、E-mail（　　　　　）、通讯地址（　　　　　　　）、邮编（　　　）				

<table>
<tr><td colspan="6">年度财务基本信息</td></tr>
<tr><td></td><td colspan="2">年度产值（万元）</td><td>产品销售收入（万元）</td><td colspan="2">年度研发投入（万元）</td></tr>
<tr><td>第 $T-2$ 年</td><td colspan="2"></td><td></td><td colspan="2"></td></tr>
<tr><td>第 $T-1$ 年</td><td colspan="2"></td><td></td><td colspan="2"></td></tr>
<tr><td>第 T 年（T 为复核前一年，下同）</td><td colspan="2"></td><td></td><td colspan="2"></td></tr>
<tr><td colspan="6">年度知识产权投入（单位：万元）</td></tr>
<tr><td></td><td>专利申请投入</td><td>专利维持年费</td><td>专利保护投入</td><td>专利奖励投入</td><td>其他知识产权投入 | 总计</td></tr>
<tr><td>第 $T-2$ 年</td><td></td><td></td><td></td><td></td><td></td></tr>
<tr><td>第 $T-1$ 年</td><td></td><td></td><td></td><td></td><td></td></tr>
<tr><td>第 T 年</td><td></td><td></td><td></td><td></td><td></td></tr>
<tr><td colspan="6">专利申请情况</td></tr>
<tr><td rowspan="2"></td><td colspan="2">发明</td><td colspan="2">实用新型</td><td colspan="2">外观设计</td></tr>
<tr><td>申请量</td><td>授权量</td><td>申请量</td><td>授权量</td><td>申请量</td><td>授权量</td></tr>
<tr><td>2015 年</td><td></td><td></td><td></td><td></td><td></td><td></td></tr>
<tr><td colspan="6">截至 2015 年底有效专利拥有量</td></tr>
<tr><td>年份</td><td colspan="2">发明</td><td colspan="2">实用新型</td><td colspan="2">外观设计</td></tr>
<tr><td></td><td colspan="2"></td><td colspan="2"></td><td colspan="2"></td></tr>
<tr><td colspan="6">累计向国外申请专利数量</td></tr>
<tr><td rowspan="2"></td><td colspan="3">PCT</td><td colspan="3">巴黎公约</td></tr>
<tr><td>申请</td><td>授权</td><td>有效总量</td><td>申请</td><td>授权</td><td>有效总量</td></tr>
<tr><td>截至 2015 年底</td><td></td><td></td><td></td><td></td><td></td><td></td></tr>
<tr><td rowspan="2">截至 2015 年底商标注册量</td><td colspan="2">国内商标注册情况</td><td colspan="4">注册商标（　）件；中国驰名商标（　）件</td></tr>
<tr><td colspan="2">国外商标注册情况</td><td colspan="4">注册商标　　（　　）件</td></tr>
</table>

（左侧纵向表头：知识产权创造）

续表

	截至2015年底其他知识产权拥有量	集成电路布图设计总数					
		计算机软件著作权登记总数					
知识产权运用	知识产权实施运用情况		运用他人专利（件）		运用自有专利（件）		商标运用（件）
			接受转让	接受许可	向外转让	向外许可	转让许可总量
		2015年					
	知识产权运用经济效益		专利转让许可收益（万元）		商标转让许可收益（万元）	专利产品销售收入（万元）	专利销售收入占企业销售收入比值（%）
			转让收益	许可收益			
		2015年					
	知识产权投融资情况		专利实施率（%）	知识产权作价入股		知识产权质押融资	
				数量（件）	金额（万元）	数量（件）	金额（万元）
		2015年					
	利用专利信息优化知识产权产出导向	是否对竞争对手专利信息进行分析			A.是　B.否		
		是否充分利用失效、无效专利及他国专利			A.是　B.否		
		在各过程中是否进行了专利信息的检索与分析	战略布局与主动防御		A.是　B.否		
			新产品开发、科研立项		A.是　B.否		
			专利申请		A.是　B.否		
			专利诉讼		A.是　B.否		
			产品、技术进出口		A.是　B.否		
			专利许可		A.是　B.否		

续表

			专利投融资		A.是　B.否	
			中外合资合作		A.是　B.否	
知识产权保护	行政、司法途径		专利行政调处	专利司法诉讼	商标	版权	其他
		2015年	件	件	件	件	件
	自身途径	是否建立贯穿生产经营全流程的知识产权侵权预警机制和风险监控机制	A.是 B.否		是否定期开展知识产权风险测评	A.是 B.否
		是否通过开展知识产权尽职调查、获得知识产权许可等方式，避免主观恶意侵犯他人知识产权	A.是 B.否		是否推动建立行业知识产权维权协作机制，参与行业专利纠纷处置	A.是 B.否
		是否建立了应对国际、国内知识产权纠纷的机制，编制并适时调整相关预案				A.是 B.否

附录2 企业知识产权管理体系成熟度调查问卷

序号	关键过程	关键过程的影响因素	重要性程度（评价区） VL：非常低；L：低；M：中； H：高；VH：非常高				
			VL	L	M	H	VH
1	体系策划	管理体系与知识产权方针的适配度					
		知识产权管理活动覆盖全面性					
		知识产权管理活动开展的有效性					
		知识产权管理活动持续改进有效性					
2	目标策划	知识产权目标与方针的一致性					
		知识产权目标明确性					
		知识产权各阶段目标的层次性					
		知识产权目标可测度					
3	合规策划	适用法律法规获取渠道权威性					
		适用法律法规台账完整性					
		适用法律法规更新及时性					
		适用法律法规员工获知度					
4	立项	立项中知识产权信息收集的全面性					
		明确项目及产品潜在合作伙伴和竞争对手					
		立项中的风险评估全面性					
		立项中对知识产权风险的预算准备					
5	研究开发	研发中知识产权信息的检索分析利用程度					
		研发中的知识产权规划程度					
		结合知识产权风险调整研究开发策略及时性					
		研发成果的知识产权保护及时性					
		研发活动中知识产权记录规范性					

续表

序号	关键过程	关键过程的影响因素	重要性程度（评价区）VL：非常低；L：低；M：中；H：高；VH：非常高				
			VL	L	M	H	VH
6	采购	采购活动中对知识产权信息收集的全面性					
		供方信息的管理和保密规范性					
		进货渠道信息的管理和保密规范性					
		进价策略信息的管理和保密规范性					
		采购合同中知识产权风险的规避					
7	生产	生产阶段对技术改进和创新的评估及时性					
		生产阶段对知识产权保护的及时性					
		对外协作生产中的知识产权风险防控					
		生产阶段知识产权记录的管理有效性					
8	销售和售后	产品售前知识产权信息的审查和分析性					
		产品促销活动知识产权保护方案全面性					
		销售市场中对知识产权风险的监控有效性					
		知识产权风险方案调整及时性					
9	内部审核	定期开展知识产权内部审核的机制					
		知识产权内部审核的全面性					
		知识产权内部审核的深入性					
		知识产权内部审核的效果和质量					
10	管理评审	管理评审开展周期合理性					
		管理评审输入的全面性					
		管理评审输出的全面性					
		管理评审的深入性					
		管理评审的效果和质量					
11	分析与改进	分析改进活动开展的主动性					
		分析改进活动开展的深入程度					
		分析改进活动开展的质量和效果					

参考文献

AGOSTINI L, FILIPPINI R, Nosella A, 2016. Protecting intellectual property to enhance firm performance: Does it work for SEMs?[J]. Knowledge management research & practice, 14(1): 96-105.

AHAMMAD M F, et al, 2018. R&D capabilities, intellectual property strength and choice of equity ownership in cross-border acquisitions: evidence from BRICS acquires in Europe[J]. R&D management, 48(2): 177-194.

ALIKHAN S, 2004. Intellectual property and competitive strategies in the 21st century[M]. The hague: Kluwer Law International.

BRÜGGEMANN J, et al., 2016. Intellectual property rights hinder sequential innovation[J]. Experimental evidence research policy, 45: 2054-2068.

CAMPIi M, NUVOLARI A, 2015. Intellectual property protection in plant varieties: a worldwide index[J]. Research policy, 44: 951-964.

CHEN J X, LIANG L, YAO D Q, 2017. An analysis of intellectual property licensing strategy under duopoly competition: component or product-based?[J]. International journal of production economics, 193: 502-513.

CHEN Y Y, BHARADWAJ A, GOH K Y, 2017. An empirical analysis of intellectual property rights sharing in software development outsourcing[J]. MIS quarterly, 41(1): 131-161.

CHESBROUGH H, 2003. The logic of open innovation: managing intellectual property[J]. California management review, 45(3): 33-58.

Cook T R, LIU A H, 2016. Using linguistic network to explain strength of intellectual property rights [J]. World development, 87: 128-138.

EICHER T S, GARCIA-PENALOSA C, 2008. Endogenous strength of intellectual property rights: implications for economic development and growth[J]. European economic review, 52(2): 237-258.

FONTELA E, GABUS A, 1976. The dematel observer, DEMATEL 1976 report[R]. Switzerland Geneva: Battelle Geneva Research Centre, 1976.

FUMAN J L, PORTER M E, STERN S, 2002. The determinants of national innovative capacity[J]. Policy, 31(6): 899-933.

GABUS A, FONTELA E, 1973. Perceptions of the world problematique: communication procedure, communicating with those bearing collective responsibility (DEMATEL report No. 1)[R]. Switzerland Geneva: Battelle Geneva Research Centre.

GABUS A, FONTELA E, 1972. World problems, an invitation to further thought within the framework of DEMATEL[R]. Switzerland Geneva: Battelle Geneva Research Centre.

GANS J S, MURRAY F E, STERN S, 2017. Contracting over the disclosure of scientific knowledge: intellectual property and academic publication[J]. Research policy, 46: 820-835.

GANS J S, STEM S, 2003. Assessing Australia's innovative capacity in the 21st century[R]. Melbourne: Intellectual Property Research Institute of Australia.

GOULD D M, GRUBEN W C, 1996. The role of intellectual property rights in economic growth[J]. Journal of development economics, 48(2): 323-350.

GRIMPE C, HUSSINGER K, 2015. Resource complementarity and value capture in firm acquisitions: the role of intellectual property rights[J]. Strategic management journal, 36(2): 1762-1780.

HERRERA F, MARTÍNEZ L, 2001. A model based on linguistic 2-tuples for dealing with multi-granular hierarchical linguistic contexts in multi-expert decision-making[J]. IEEE transactions on systems, man, and cybernetics-part b: cybernetics, 31(2): 227-234.

HERRERA F, MARTÍNEZ L, 2000. A 2-tuple fuzzy linguistic representation model for computing with words[J]. IEEE transactions on fuzzy systems, 8(6): 746-752.

HELPMAN E, 1993. Innovation, imitation, and intellectual property rights[J]. Econometrica, 61(6): 1247-1280.

HSU G J Y, LIN Y H, WEI Z Y, 2008. Competition policy for technological innovation in an era of knowledge-based economy[J]. Knowledge-based systems, 21(8): 826-832.

HUANG K G L, GENG X S, WANG H L, 2017. Institutional regime shift in intellectual property rights and innovation strategies of firms in China[J]. Organization science, 28(2): 355-377.

JAVORCIK B S, 2004. The composition of foreign direct investment and protection of intellectual property rights: evidence from transition economies[J]. European economic review, 48(1): 39-62.

LANG J C, 2001. Management of intellectual property rights strategic patenting[J]. Journal of intellectual capital, 2(1): 8-26.

LANJOUW J O, SCHANKERMAN M, 2004. Patent quality and research productivity: measuring innovation with multiple indicators[J]. Economic journal, 114(495): 441-465.

LI W, YU X, 2015. China's intellectual property protection strength and its evaluation - based on the accession to TRIPS agreement (Agreement on trade-related aspects of intellectual property rights)[J]. R&D management, 45(4): 397-410.

LIU M, LA CROIX S, 2015. A cross-country index of intellectual property rights in pharmaceutical inventions[J]. Research policy, 44: 206-216.

NOVORODOVSKA T S, 2015. Using intellectual property as a competitive advantage of modern enterprise[J]. Metallurgical & mining industry, 11: 208-211.

OPRICOVIC S, 1998. Multicriteria optimization of civil engineering systems[D]. Belgrade: faculty of civil engineering.

PRUZANSKY Y, WAGMAN L, 2011. Intellectual property protection and firm innovation[J]. Social science electronic publishing, 31(4): 2922-2932.

REITZIG M, 2004. Improving patent valuations for management purposes - validating new indicators by analyzing application rationales[J]. Research policy, 33(6-7): 939-957.

SABOO A R, et al, 2017. Influencing acquisition performance in high-technology industries: the role of innovation and relational overlap[J]. Journal of marketing research, 54(2): 219-238.

SAMSON D, 2005. Intellectual property strategy and business strategy: connections through innovation strategy[R]. Melbourne: intellectual property research institute of Australia.

SCHNEIDER P H, 2005. International trade, economic growth and intellectual property rights: apanel data study of developed and developing countries[J]. Journal of development economics, 78(2): 529-547.

SEYOUM B, 2006. Patent protection and foreign direct investment[J]. Thunderbird international business review, 48(3): 389-404.

STEWART T. Intellectual capatial[M]. New York: Doubleday, 1999.

WAGMAN G E, Scofiled S B, 1999. The competitive advantage of intellectual property[J]. Sam advanced management journal, 64(3): 4-10.

WANG C H, LU I Y, CHEN C B, 2011. Integrating hierarchical balanced scorecard with non-additive fuzzy integral for evaluating high technology firm performance[J]. International journal of production economics, 128(1): 413-426.

WEN W, CECCAGNOLI M, FORMAN C, 2016. Opening up intellectual property strategy: implications for open source software entry by start-up firms[J]. Management science, 62(9): 2668-2691.

XUE Y H, WANG Z M, 2012. A model for intellectual property entrepreneurship capability under organisational change in China: a multi-case and multi-level analysis[J]. International journal of psychology, 47: 527-527.

鲍新中，刘小军，2009.企业战略框架下的知识管理绩效评价研究[J].科学管理研究，27（3）：82-85.

曹萍，张剑，熊焰，2017.高技术产业安全影响因素的实证研究[J].管理评论，29（12）：50-61.

常林朝，户海潇，2011.基于AHP的企业知识产权优势评价研究[J].科技进步与对策，28（14）：121-125.

常玉，刘显东，杨莉，2003.应用解释结构模型（ISM）分析高新技术企业技术创新能力[J].科研管理，24（2）：41-48.

陈恒，侯建，2017.R&D投入、FDI流入与国内创新能力的门槛效应研究——基于地区知识产权保护异质性视角[J].管理评论，29（6）：85-95.

陈伟，李传云，杨早立，等.基于熵值法—TOPSIS法的高技术产业知识产权保护能力评价研究[J].科技管理研究，2016，36（10）：175-179.

陈文君，2008.TRIPS视野下企业知识产权保护制度研究[D].重庆：西南大学.

程敏，2017.企业知识产权管理体系的构建浅析[J].科技与创新，4（8）：86.

池仁勇，潘李鹏，2017.企业知识产权能力演化路径——基于战略导向视角[J].科研管理，38（8）：117-125.

池仁勇，潘李鹏，2016.知识产权能力构成、内外影响因素与企业成长——内力驱动，还是外部推进？[J].科学学研究，34（10）：81-88.

董涛，2017.全球知识产权治理结构演进与变迁——后TRIPs时代国际知识产权格局的发展[J].中国软科学，32（12）：21-38.

冯晓青，2008.企业知识产权战略：3版[M].北京：知识产权出版社.

冯晓青，2005.企业知识产权战略：2版[M].北京：知识产权出版社.

高桥明夫，1999.日立的专利管理[M].北京：专利文献出版社.

何红升，2008.大亚湾核电运营管理有限责任公司管理体系整合的研究和实践[D].上海：上海交通大学.

何立业，2013.基于BP神经网络的中关村示范区企业专利创造与运用绩效评估[D].北京：北京交通大学.

何敏，2002.企业知识产权保护与管理实务[M].北京：法律出版社.

黄庆，等，2004.专利评价指标体系（一）——专利评价指标体系的设计和构建[J].知识产权，14(5)：25-28.

姬韶锋，2016.高新技术企业知识管理绩效评价及改善研究[D].太原：太原科技大学.

金永红，慈向阳，2007.国外企业知识产权战略分析及其启示[J].中国科技论坛，23(3)：118-121.

江苏省质量技术监督局，2008.DB32/T 1204-2008，企业知识产权管理规范[S].北京：中国标准出版社.

柯涛，林葵，2004.知识产权管理[M].北京：高等教育出版社.

厉宁，2002.知识经济时代国家专利发展战略研究[M].北京：国家行政学院出版社.

李培林，2014.企业知识产权战略定位及战略实施研究[J].科技管理研究，34（16）：152-155.

李瑞璇，王学思，2012.基于因子聚类分析的专利综合评价研究[J].现代情报，32（9）：172-177.

李守伟，2010.技术创新能力的数据包络分析与实证研究[J].科技进步与对策，27（1）：119-124.

李西良，2017.企业知识产权管理体系与QES三体系融合研究[J].知识产权，31（10）：92-96.

梁莱歆，张永榜，2006.我国高新技术企业R&D投入与绩效现状调查分析[J].研究与发展管理，18（1）：47-51.

刘驰，2009.基于产业集群的知识产权管理研究[D].长春：吉林大学.

刘凤朝，等，2004.15个副省级城市专利发展状况评价与分析[J]情报科学，25（8）：956-959.

刘凤朝，张静，潘雄锋，2005.我国31个省市区专利发展状况分析与评价[J]科技管理研究，25（10）：31-34.

刘婧，占绍文，2017.文化创意企业知识产权创造能力的影响因素研究——来自126家上市企业的经验证据[J].研究与发展管理，29（4）：42-53.

刘婧，占绍文，李治，2017.知识产权能力、外部知识产权保护与动漫企业创新效率[J].软科学，31（9）：40-44.

陆建华，1991.现代企业管理体系的探索——优化模式的有益探讨[J].武汉城市建设学院学报，8（1）：88-93.

路甬祥，1998.创新与未来：面向知识经济时代的国家创新体系[M].北京：科学出版社.

罗爱静，等，2015.基于TOPSIS法的茶业知识产权评价体系研究[J].内蒙古科技与经济，19（3）：27-31.

罗洪云，张庆普，林向义，2014.企业自主创新过程中知识管理绩效的表现形式、测度及评价研究[J].科学学与科学技术管理，35（2）：71-79.

雏园园，2014.区域知识产权竞争力：内涵、要素及形成机理研究[J].科技管理研究，34（9）：131-137.

马慧民，王鸣涛，叶春明，2009.高科技企业知识产权综合实力评价指标体系研究[J].科技进步与对策，26（3）：106-108.

马耀文，1997.知识产权述评与展望[M].北京：专利文献出版社.

迈克尔·波特，1997.竞争优势[M].北京：华夏出版社.

饶世权，陈家宏，2017.论企业知识产权经营与管理绩效提升的理论路径[J].科技管理研究，37（9）：172-176.

邵一明，2014.战略管理：2版[M].北京：中国人民大学出版社.

宋河发，李玉光，曲婉，2013.知识产权能力测度指标体系与方法及实证研究[J].科学学研究，31（12）：1826-1834，1825.

苏杨，2008.知识产权综合能力评价及相应对策研究[D].哈尔滨：海尔滨工业大学.

陶鑫良，1998.知识经济时代与知识产权[J].华东科技，16（4）：13-14.

陶用之，曾艳，袁界平.提高我国高新技术产业专利产出水平的对策研究[J].科技进步与对策，2006，23（4）：101-104.

田群.我国企业知识产权管理绩效评价研究[D].青岛：中国石油大学（华东），2010.

田颖男，朝克，陈旭娟.对知识产权战略资源转化为竞争优势的思考[J].科学管理研究，2010，28（1）：99-102.

万融，2010.商品学概论：4版[M].北京：中国人民大学出版社.

王旦.中国专利创新能力评价及对区域经济发展的影响研究[J].商情，27（4）：99-101.

王敏，2015.高新技术企业的知识产权管理探析[J].华东科技，2016，34（3）：58-61.

王树海，2002."OECD"国家高新技术指标体系研究与启示[J].中国科技产业，9（2）：69-71.

王雪荣，2005.管理体系整合及综合评价方法研究[D].南京：南京理工大学.

王正志，赵峥，姜昕，2011.中国31省区市知识产权综合实力比较分析（三）——基于《中国知识产权指数报告2009》[J].中国发明与专利，8（3）：56-63.

吴汉东，2009.知识产权基本问题研究[M].北京：中国人民大学出版社.

吴佳晖，袁晓东，2017.军工企事业单位知识产权能力对创新绩效的影响研究[J].管理学报，14（11）：1700-1707.

吴敬琏，1999.制度高于技术——论发展我国高新技术产业[J].决策咨询通讯，10（4）：48-51.

许玲玲，2017.高新技术企业认定、政治关联与民营企业技术创新[J].管理评论，29（9）：85-94.

徐明华，包海波，2003.知识产权强国之路：国际知识产权战略研究[M].北京：知识产权出版社.

徐雨森，2003.基于知识产权战略的工业企业核心能力培育[J].研究与发展管理，15（1）：69-73.

杨晨，谢裕莲，2015.SOR视角下高新技术企业知识产权管理模式探析[J].科学学与科学技术管理，36（7）：30-37.

易蓉，2015.科技型中小企业自主知识产权成长机制与风险预警研究[D].天津：天津财经大学.

于丽艳，李军力，2017.基于SEM的企业知识产权能力影响因素测度[J].工业技术经济，36（1）：146-151.

袁博，刘文兴，张鹏程，2014.知识产权保护能力对重大科研项目技术创新影响的权变模型[J].系统工程理论与实践，34（11）：2965-2973.

袁建中，2011.企业知识产权管理理论与实务[M].北京：知识产权出版社．

袁俊，2004.企业知识产权战略设计与核心竞争力[J].中国工程科学，6（11）：88-92.

张素丽，2015.基于SWOT分析的高新技术企业知识产权战略分析与建议[J].改革与战略，31（9）：47-50.

张永超，2013.知识密集型制造业知识产权管理系统研究[D].哈尔滨：哈尔滨工程大学．

张永成，郝冬冬，2016.开放式创新下的企业知识产权管理策略[J].科技管理研究，36（2）：162-167.

赵嘉茜，宋伟，叶胡，2013.高新技术产业知识产权运营绩效研究[J].中国高校科技，23（Z1）：31-34.

郑成思，2002.知识经济时代的知识产权[J].今日科技，34（12）：32-34.

中华人民共和国国家质量监督检验检疫总局,中国国家标准化管理委员会，2016.GB/T 19001—2016,质量管理体系要求[S].北京：中国标准出版社．

中华人民共和国国家质量监督检验检疫总局,中国国家标准化管理委员会，2013.GB/T 29490—2013,企业知识产权管理规范[S].北京：中国标准出版社．

周正柱，朱可超，2016.知识产权价值评估应用研究——基于AHP-模糊综合评价法[J].财会通讯，37（10）：22-25.

朱卫平，伦蕊，2004.高新技术企业科技投入与绩效相关性的实证分析[J].科技管理研究，24（5）：7-9.

朱宇，黄志臻，唐恒，2011.《企业知识产权管理规范》培训教程[M].北京：知识产权出版社．

朱宇，支苏平，唐恒，2015.企业知识产权管理规范[M].北京：知识产权出版社．

后　　记

　　在"博学笃志，格物明德"校训的指引下，我完成了在中国科学院大学的博士学业，《高新技术企业知识产权管理体系构建与实证研究》一书也正是在此期间的作品。本研究的选题是受到田力普老师的指引和点拨而确定的，田力普老师时任国家知识产权局局长期间，经常与欧洲专利局、美国专利商标局等交流《年度全球创新指数》和《年度世界知识产权报告》，而这些研究报告均由世界知识产权组织、美国康奈尔大学等国际学术研究机构完成，其中鲜有中国的研究团队参与，更少有中国声音。田力普老师勉励我着眼企业知识产权创新能力方面开展研究，发挥中国科学院大学学术优势和自身企业知识产权实践的积累，在高新技术企业知识产权指数、知识产权管理体系构建、知识产权管理体系成熟度评价等方面展开理论和实证研究工作。鉴于此，正是由于本书的创作融入了田力普老师和中国科学院大学赵红老师的真知灼见，书稿才得以完成。

　　本书采取规范研究与实证研究结合、定性分析与定量分析结合的研究方法，在理论和实践两个方面分层尝试展开研究工作。本书通过知识产权管理体系的研究，旨在希望针对完善高新技术企业现代化管理体系，提升企业核心竞争能力，促进知识产权强企建设方面迈出有益的一步，也希望能在《国家知识产权战略纲要》颁布实施十周年之际，为进一步开展国家和企业知识产权战略实施绩效评估等研究工作提供参考。

　　本书在写作过程中，受到了李建平教授、张玲玲教授、宋河发教授的悉心指导，三位老师就本书诸多研究难点提供了许多有益的帮助。特别忠心感谢团队中的孙晓蕾、索玮岚两位老师，她们为我掌握专业学术研究方法和理论模型提供了巨大支持。知识产权出版社李小娟编辑为出版此书做了大量工作。借此机会向他（她）们表示诚挚的谢意。这些点点滴滴的片段和培养出的情谊将成为我人生中弥足珍贵的美好回忆。

最后,要特别感谢我的父母家人和同学、同事们,学研时长,他们始终激励我"攻坚克难、永不言败、奋斗改变命运",在书稿创作过程中营造了良好的学习、生活及工作氛围。家人在生活上给予我无微不至的关爱、在学习上的理解和支持,是我顺利完成书稿的保证。

尽管本人已经做出了很大的努力,但由于水平有限,本书难免还存在很多疏漏与不足之处,恳请广大读者不吝赐教,能将好的意见和建议通过邮件(lixiliang@xinteenergy.com)反馈给我,我会认真学习和吸纳。另外,我还有一个设想,就是能在此书改版时,邀请新人加入,组成创作团队,来为读者献上更好的作品,努力打造企业知识产权管理方面的优秀作品。

2018年8月15日于北京